ERES UNA MADRE MARAVILLOSA

La maternidad como nunca te la habían contado

LUCÍA GALÁN BERTRAND

Planeta

Av. Diagonal, 662-664, 08034 Barcelona
www.editorial.planeta.es
www.planetadelibros.com

Primera edición: febrero de 2017
Tercera impresión: febrero de 2017
Depósito legal: B. 799-2017
ISBN: 978-84-08-16659-7
Preimpresión: Víctor Igual, S. L.
Impresión: Black Print
Printed in Spain – Impreso en España

El papel utilizado para la impresión de este libro es cien por cien libre de cloro y está calificado como **papel ecológico**

Para mis hijos Carlos y Covi,
mi luz en mis noches de oscuridad,
mi paz en mis días de tormento,
mis alas, mi risa, mi llanto, mi fuerza,
mi alma, mi verde esperanza.

ÍNDICE

PRÓLOGO
Y aquí empezó todo

Hombres y mujeres somos diferentes,
sentimos diferente, tenemos distintas velocidades,
distintos tiempos, pero en lo esencial, en
lo verdaderamente importante, compartimos
la misma esencia: el amor hacia nuestros hijos,
lo mejor de nuestras vidas.
Guarda y conserva este sentimiento.
Llévalo contigo allá donde vayas.
Siempre.

Cuando él cerró la puerta, ella deseó con todas sus fuerzas que con él y con su maleta se llevara las noches que pasaría sin dormir pensando en lo que pudo haber sido y no fue, en lo que fue y no tenía que haber sido, y en lo que estaba a punto de ser.

Antes de que pudiera derramar una sola lágrima, antes siquiera de volver a coger aire porque se le había olvidado respirar, el llanto de su hija la devolvió a la realidad. Se acababa de despertar de la siesta y reclamaba, como cada tarde, el abrazo cálido de su abnegada madre. Su hermano mayor jugaba en su habitación con sus cochecitos, ajeno a la nueva vida que su madre estaba a punto de emprender.

«Maravillosa y bendita inocencia infantil. Que te dure muchos años, mi amor», pensó su madre mientras caminaba hacia la habitación de su hermana.

Una vez tuvo a su hija en brazos, se miró al espejo y vio

a una joven madre llena de heridas que nadie más supo advertir, que nadie más que ella podía curar. Y entonces lo tuvo claro.

Miró de nuevo y fijamente esos ojos arrasados por los destrozos que dejan los sueños rotos y se dijo:

—Nadie nos contó esto, ¿verdad? Crecer duele. Pero tú puedes, nosotras podemos. Es momento de recoger todos tus trocitos, rehacerte, sanar todas y cada una de tus heridas, olvidar lo malo, mantener vivo e intacto lo bueno y salir ahí fuera. ¿Me oyes? ¿Quieres conciliar? Pues lucha, pelea, emprende. ¿Necesitas llorar? Pues llora, pero hazlo de verdad, al desnudo, toda tú.

—¿Y si mis hijos me ven? —preguntó la madre real.

—Pues que te vean. En esta casa también se llora. La tristeza y la melancolía son emociones tan válidas como la felicidad o el entusiasmo. Son las que nos hacen explorar las profundidades de nuestro ser más íntimo, las que consiguen que nos movamos, que cambiemos, que mejoremos.

—¿Y si no tengo todas las respuestas a las preguntas de mis hijos?

—No pasa nada. Nadie las tiene. Tú tampoco. Sabrás encontrar las respuestas con una caricia, con un abrazo, con el amor que derrochas por cada poro de tu piel. ¡Eres amor!

—¿Seré capaz de enamorarme de nuevo?

—¿Que si serás capaz? —preguntó entre risas la madre del espejo—. Te recuerdo que antes de ser madre eras mujer. Y sigues siéndolo, ¿o no? No solo te enamorarás, sino que enamorarás allá por donde pises en cuanto te liberes. **En cuanto te despojes de todos los lastres que te impiden ser una mujer real y libre.** Te enamorarás como hasta ahora no te habías enamorado y te entregarás total y absolutamente al amor, sin fisuras y sin miedos; desde la madurez y la libertad que te da el haber pisado por esas tierras antes. ¿Y sabes qué? Que si decides compartir tu vida con otro hombre lo harás porque le quieres, no porque le necesites. Esto ya te lo contaré más adelante, querida..., cuando llegue el momento.

—¿Y la culpa? ¿Cómo la gestiono? —preguntó la madre real algo más tranquila ya.

—¿La culpa, cariño? La culpa para el que roba, para el que mata, no para el que ama. Se acabó la culpa. ¿Me oyes bien? Se acabó la culpa. ¿Qué te creías? ¿Que la maternidad era un camino de rosas? ¿Un cuento de hadas con príncipes azules, bellas damas, hijas con largas trenzas y castillos en las montañas? No, querida, ahora ya ves que no.

La maternidad y la paternidad no son un reinado; son un viaje, un intenso, maravilloso e irrepetible viaje en el que, tras las caídas, las lágrimas, los miedos y las sombras, descubrirás que todo ha merecido la pena. Que no habrá experiencia más fascinante en toda tu vida que la que estás viviendo ahora.

—¿Y el padre de mis hijos?

—El padre de tus hijos está hablando ahora mismo con su *yo* en el espejo, que le está diciendo exactamente las mismas palabras que te digo yo a ti. La maternidad —la paternidad— es un sentimiento universal. Desde el mismo instante en que ambos deseáis lo mejor para vuestros hijos, desde el mismo momento en que ambos estaríais dispuestos a dar vuestra propia vida por ellos, estáis unidos para siempre.

Hombres y mujeres somos diferentes, sentimos diferente, tenemos distintas velocidades, distintos tiempos, pero en lo esencial, en lo verdaderamente importante, compartimos la misma esencia: el amor hacia nuestros hijos, lo mejor de nuestras vidas. Guarda y conserva este sentimiento. Llévalo contigo allá donde vayas. Siempre.

—Lo haré —contestó la madre real embargada por la emoción mientras seguía mirando su imagen en el espejo y a su hija acurrucada en su regazo.

—Y te voy a decir una última cosa: se acabó ser la mujer perfecta, la profesional perfecta, la compañera perfecta, la amante perfecta, la amiga perfecta, la hija perfecta, la hermana perfecta y, por supuesto, la madre perfecta. ¡Basta ya!

Porque para ser una buena madre no hace falta ser una madre perfecta. ¡Tú eres una madre maravillosamente imperfecta!

—¿Estás lista para comerte el mundo?

—Sí, lo estoy —contestó firmemente.

—¿Estás preparada para salir ahí fuera?

—¡Claro que lo estoy!

—¡Pues vamos a por ello! ¡Salgamos ahí fuera! Pero escúchame, con la cabeza alta, tan alta como tus sueños, porque tú, querida, siempre has soñado a lo grande y, ahora, lo harás más que nunca. ¿Estás lista?

1

LA CARRERA DE MEDICINA PARA LA QUE NADIE ME PREPARÓ

Cuando, muy de vez en cuando, tu profesión
te regala uno de esos momentos con los que tanto habías
soñado y salvas una vida y, curiosamente, al llegar a
casa y tras abrazar a los tuyos, rompes en llanto,
comprendes que la vida
pende de un hilo muy fino...
Y nadie te había preparado para esto.

Desde mi más tierna e inocente infancia he querido ser madre y pediatra. Desde que tengo uso de razón jugaba a curar a mis muñecas, que además eran mis hijas. Todas ellas: las Barriguitas, las Nancys y los Nenucos. Los arropaba cada noche en sus cunitas, les daba los besos que minutos antes me había dado mi madre a mí, les contaba los cuentos que cada noche mi padre me contaba entre susurros y besos de mariposa. ¿Cómo? ¿Que no sabes qué son los besos de mariposa? Los besos que se dan con el aleteo de las pestañas y el cosquilleo del bigote. Deliciosos...

Tras salir del hospital, a mis cinco años, una vez recuperada de la meningitis meningocócica que casi arrasa con mi vida y con el alma de mis padres, lo tuve claro:

—Yo de mayor quiero ser médico de niños para que ninguno pase por lo que yo he pasado —sentencié mientras bajaba las escaleras del Hospital Central de Asturias.

Y lo conseguí.

Fueron unos años de mucho esfuerzo, de mucho estudio y sacrificio, de muchas horas enterrada entre apuntes y libros. De muchas noches de pesadillas en las que soñaba que al llegar a la facultad había un examen que yo no había preparado porque sencillamente no me había enterado y el pánico se apoderaba de mi cuerpo. Fueron años también de partidas de mus en la cafetería de la facultad, de conversaciones inspiradoras con amigas tiradas en el césped mirando las nubes, de fiestas de fin de curso donde no perdíamos los apuntes, pero sí los papeles... «Aquellos maravillosos años.»

Cuando por fin terminé la carrera de Medicina me dije:

—¡Guau! ¡Ya soy médico! Sí, soy médico. Voy a salvar vidas.

Y me creía alguien importante. Mis compañeros y yo pensábamos que el mundo se había detenido y que, ahora que éramos nosotros los médicos, el mundo arrancaría de nuevo. ¡Qué ilusos! Nos sentíamos dioses. Los salvadores del universo acababan de aterrizar en el planeta Tierra.

La infancia goza de una inocencia maravillosa, pero ¿y la juventud? Durante la juventud saltas de nube en nube, de espejismo en espejismo, de sueño en sueño... hasta que de pronto, una mañana cualquiera, cuando vas a saltar a otra de tus nubes de fantasía, te encuentras saltando al vacío y segundos después aterrizas en la realidad, a veces, dura realidad.

Y así fue.

Cuando pisé por primera vez el hospital con mi título de médico en mano y mi plaza de médico residente en pediatría bajo el brazo, me di cuenta de que sí, de que había pasado por la facultad, sí, de hecho con un expediente brillante, pero que de medicina sabía poco o muy poco.

Cuando empecé a asistir a un parto detrás de otro, a presenciar el milagro de la vida en directo, sin filtros, rodeada de madres exhaustas, pero embargadas por un llanto de alegría renovador, con padres a tu lado temblorosos y llorando como niños y con diminutas criaturas que sujetas tú en tus manos, antes incluso que sus propias madres; ahí, en ese instante, te das cuenta de lo pequeños, frágiles e insignificantes que somos. Y nadie te lo había contado.

Cuando la vida te regala momentos tan maravillosos como el primer agarre de un bebé recién nacido al pecho turgente de su madre mientras el padre mira la escena con una ternura que te conmueve, comprendes que, por muy médico que seas, en ese momento sobras... Y esto nadie te lo había contado.

Cuando tienes exactamente dos minutos para pensar de qué manera les vas a explicar a unos padres angustiados que su angustia tenía toda la justificación del mundo porque su hijo tiene una enfermedad grave, cuando te tiembla la voz y no encuentras las palabras. Cuando no sabes si cogerles de la mano, abrazarlos o directamente no hacer nada. Cuando el miedo a equivocarte en un diagnóstico o en un tratamiento te paraliza, entonces comprendes que no solo no sabes lo suficiente, sino que te pasarás la vida estudiando y aún habrá cosas que no sabrás y que no llegarás a saber nunca. Y esto nadie te lo había contado.

Cuando la muerte te mira de frente, fijamente, te reta y te amenaza con llevarse la vida de un niño que aún no ha dado sus primeros pasos, ni los va a dar..., cuando ella gana la batalla y has de recomponerte, beberte todas y cada una de tus lágrimas y tragar todos y cada uno de tus suspiros ahogados en la pena para informar a los padres y convertirte en la persona que les va a comunicar la peor noticia de sus vidas, entonces, en ese preciso instante, descubres que nadie te había preparado para esto.

Cuando, muy de vez en cuando, tu profesión te regala uno de esos momentos con los que tanto habías soñado y salvas una vida y curiosamente al llegar a casa y tras abrazar a los tuyos rompes en llanto, comprendes que la vida pende de un hilo muy fino... Y nadie te había preparado para esto.

Cuando una mañana cualquiera llegas a la consulta y tu primer paciente que aún no levanta un metro del suelo, ni suma siquiera tres años de edad te dice:

—*Lusssía,* vengo a que me cures. Estoy malito. Solo tú puedes curarme.

Y te abraza con todo su diminuto cuerpo, apoyando su cabeza en tu pecho y escuchando un suspiro incluso, un suspiro que revela un «me siento seguro». Y te sorprendes a ti misma tragando saliva, abrazando a ese niño que huele como olían tus hijos a su edad, y le acaricias tan dulcemente como acaricias a los tuyos. Ahí, en ese momento, y aunque nadie te lo había dicho, piensas: «No me he equivocado de profesión. Esto es un regalo».

Cuando durante los largos años de estudio tus profesores te repiten hasta la saciedad que hay que construirse una coraza para no sufrir con las historias que pasarán por nuestras manos, cuando la construcción de ese muro se convierte en una prioridad durante las prácticas como estudiante y de pronto una mañana cualquiera harta de recibir consejos que no has pedido te pones la bata y te quitas la máscara, **descubres que, viviendo y sintiendo junto a tus pacientes, todo cobra sentido.** Que todos aquellos «popes» de la medicina estaban equivocados, que lo bonito de esta profesión es precisamente eso: acompañar a los enfermos y a sus familias en todo el proceso. Y de repente, como si de una revelación se tratara, lo ves claro:

«Yo quiero celebrar las alegrías con mis pacientes y acompañarlos en su pena. Porque su alegría es mi recompensa y su dolor mi reto.»

Porque tengo la profesión más bonita del mundo, pero solo adquiere sentido si se vive desde dentro, si se siente desde el alma, y esto nadie me lo había contado.

2

JONAY, EL NIÑO CON ALAS

Lo que no sabía Gloria es que, en esos instantes,
su marido estaba sentado en una salita
de apenas seis metros cuadrados con
dos jóvenes pediatras frente a él, dándole
la noticia que cambiaría, ya para siempre,
el transcurso de sus vidas.

—¿Que qué hacía yo cuando me enteré? Pues hacía ese tipo de cosas que solo puedes hacer cuando no eres padre: me estaba dando un relajante baño de espuma en mi casa. Tenía treinta y seis años —recordaba Pitu con un brillo especial en su mirada al echar la vista atrás.

Habían pasado ya seis años desde ese instante en el que Gloria, su mujer, entraba por la puerta del baño temblando como una hoja...

—¿Qué te pasa? —le dijo él incorporándose y apartando la espuma de un agua que aún mantenía la temperatura.

Gloria daba pequeños saltitos de alegría al mismo tiempo que sujetaba algo en su mano. Su respiración acelerada, sus resoplidos apartando el flequillo de la frente y su corazón desbocado anunciaban una gran noticia. Estaba tan feliz que no le salían las palabras. Todo lo que tenía que decir lo llevaba en sus manos. Tras dos larguísimos años de espera, de pruebas, de exámenes médicos, de incómodos y en ocasiones dolorosos tratamientos, de lágrimas, de miedos y de incertidumbre, al fin lo habían conseguido:

—¡Estoy embarazada! —alcanzó a decir Gloria antes de romper en un inconsolable y liberador llanto.

Pitu salió de la bañera dando un salto. Miró fijamente el Predictor, esas dos rayitas con las que tantas veces había soñado, y abrazó a Gloria como hacía tiempo que no la abrazaba, con todo su cuerpo, con toda su alma. Besó sus mejillas, se bebió sus lágrimas y le dijo:

—Lo hemos conseguido, chiqui, lo hemos conseguido.

Jonay iba a ser su primer hijo, el primer nieto, el primer bebé de la familia desde hacía treinta años. Y, como ocurre en estos casos, todas las revisiones médicas te parecen pocas. Acudían religiosamente a todas las citas de la Seguridad Social y además buscaron una clínica privada para estar más controlados.

—Todo es normal. Vuestro bebé está perfecto —les decían unos y otros.

Cada visita al ginecólogo, Gloria y Pitu la celebraban por todo lo alto. La familia del futuro papá esperaba ansiosa desde Muchamiel (Alicante) el día de coger en brazos a su primer nieto y a su primer sobrino. Los padres de Gloria, desde París, ya no apagaban el teléfono por las noches por si «su pequeña» los llamaba anunciando la buena nueva. Y su querida y única hermana, Pauline, vivió la recta final del embarazo de Gloria a más de quince mil kilómetros de distancia; a pesar de ello, sus corazones latían al mismo tiempo. Levantarse cada mañana en Australia no restó ni un ápice de intensidad a todo lo vivido durante aquel maravilloso y esperado embarazo de su única hermana; tanto es así que el día antes de nacer Jonay, aunque esto ellas aún no lo sabían, Pauline le envió una foto a Gloria. La imagen no podía ser más hermosa, un inmenso acantilado que terminaba en una playa kilométrica. Sobre el acantilado, un banco de madera con un nombre grabado: «JONAY». Y un mensaje al móvil: «Todo va a salir bien».

Aquella frase fue el inicio de esta historia. Al día siguiente, Gloria ingresó de urgencia en el Hospital de San Juan de Alicante con fuertes dolores.

—Algo va mal —pensó Pitu, un tipo duro, sin pelos en la lengua, con mirada limpia, clara y decidida, desafiante incluso. Un hombre al que nada se le había puesto por delante en su vida. Un hombre al que las quejas y las lamentaciones de poco le sirven. Un hombre que desprende fuerza y decisión en cada una de sus palabras, y con quien, tras hablar varios minutos, uno se da cuenta de la tremenda facilidad que posee de darle la vuelta a la moneda si lo que ve no le agrada. Un hombre al que no le gustan los rodeos, ni los paños calientes, un hombre transparente y lleno de luz, luz que jamás perdió a pesar de encontrarse en esos momentos a las puertas del túnel más oscuro que atravesaría en toda su vida.

Gloria estaba de treinta y dos semanas, apenas de siete meses. Vivir tan alejada de su familia la había convertido en una mujer fuerte e independiente.

—Jonay, mi amor, has de aguantar un poco más. No ha llegado el momento aún —le decía ella mientras se sujetaba la barriga en un intento de controlar un dolor que por otro lado era... incontrolable.

Pitu intentaba tranquilizarla mientras buscaba respuestas a semejante malestar.

—Chiqui, tranquila, voy a por un poco de agua —le dijo a Gloria besándole la frente antes de salir de la habitación.

Cuando regresó, la estampa no podía ser más aterradora. Gloria en la cama, sobre un gran charco de sangre que llegaba hasta el suelo.

—Pero ¿qué ha pasado aquí? —gritó.

Desprendimiento de placenta fue el diagnóstico de los ginecólogos nada más verla, una complicación médica que pone en riesgo no solamente la vida del niño, sino también la de la madre.

A partir de ahí todo fueron carreras, personal sanitario de aquí para allá y la cama de Gloria volando por los pasillos en dirección al quirófano, único lugar donde se podía salvar su vida y la del pequeño Jonay. Pitu, apartado, en una esquina, viendo aquel espectáculo dantesco desde la frustración, desde la impotencia de no servir para nada en esos momentos y desde el miedo atroz a perder lo que más quería en este mundo.

—No me dejaron entrar en el quirófano. Pero yo quería ver nacer a mi hijo, mi primer hijo. Quizá mi único hijo. Había soñado tantas veces con ese momento... Pero no pude. Aun así, me colé y pude ver algo a través de una ventana diminuta que conectaba el pasillo con el lugar donde abrían en canal a mi mujer. Yo buscaba en la mirada de los médicos esa seguridad que se supone han de tener ante una situación de urgencia, pero no la encontraba, no. Me sentí tan solo, tan inútil y tenía tanta pena. Lucía, tenía tanta pena en aquel momento que empecé a llorar... —me confesaba años después.

Gloria no recuerda nada. Ver tanta sangre sobre su sábana bloqueó su memoria hasta varias horas después, cuando despertó en una habitación, sola, sin su marido, sin una cuna al lado, sin bebé, sin nadie.

Lo que no sabía Gloria es que, en esos instantes, su marido estaba sentado en una salita de apenas seis metros cuadrados con dos jóvenes pediatras frente a él dándole la noticia que cambiaría, ya para siempre, el transcurso de sus vidas.

—Jonay ha nacido con treinta y dos semanas de gestación, como sabe —empezó hablando uno de los pediatras—, para su edad gestacional ha nacido con buen peso y con buena talla.

Pitu empezó a respirar más tranquilo, parecía que las cosas habían empezado bien.

—Debido a su inmadurez, sus pulmones no trabajan del todo bien y es por ello que necesita un poco de ayuda con una máquina que llamamos CPAP, que mete aire con oxígeno en sus pulmones a través de la nariz. Pero no está intubado y respira por sí mismo, lo cual son muy buenas noticias —prosiguió el joven pediatra, quien a pesar de su evidente juventud parecía que sabía de lo que hablaba.

Daba la impresión de que no era la primera ni la segunda vez que reproducía estas mismas palabras.

«Bien», pensó de nuevo Pitu.

A continuación se produjo un silencio incómodo que el «recién papá» no supo interpretar. Los dos médicos se miraron y entonces prosiguieron con la información no sin antes coger aire...

En ese momento a Pitu se le encendieron las alarmas:

«¿Qué está pasando? ¿A qué vienen esas miradas entre ellos? Hay algo más...», pensó.

No se equivocaba, había mucho más. Con lo que estaba a punto de escuchar había una nueva vida por delante que afrontar.

—Esto... Vamos a ver, durante el embarazo, ¿fue todo bien? ¿Hubo algún problema? —preguntó el pediatra esta vez con una inseguridad impropia de un médico.

Su voz titubeaba ligeramente. Era evidente que empezaba a caminar por arenas movedizas. ¿Dónde estaba esa decisión y contundencia con la que había comenzado su discurso? En unos segundos se había diluido.

Su colega empezó a carraspear, signo inequívoco de que aquello era incómodo para todos.

—Sí, todo fue perfecto. Nos hicieron muchos controles. Nada anormal. Pero ¿qué pasa? —preguntó valientemente Pitu con una necesidad imperiosa de saber, de saberlo todo y de saberlo ya.

El que hasta ahora informaba miró a su compañero, este asintió con la cabeza en señal de «adelante» y prosiguió:

—¿No sabías nada de lo de Jonay? —lanzó esta pregunta que le abofeteó duramente.

Pitu aguantó el golpe como pudo, pero no se quedó callado. Ante la primera bofetada, permaneció inmóvil, impasible y tras unos segundos, dijo:

—No, nada. ¿Qué le pasa a Jonay? —contestó esperando recibir en la otra mejilla otro golpe aún más difícil de encajar.

—Jonay tiene una malformación —sentenció el joven pediatra bajando el tono de su voz en un intento de amortiguar el golpe.

—¿Una malformación? ¿Qué? ¿Cómo? No puede ser... —dijo incrédulo su padre sin saber exactamente a qué se refería con «una malformación».

—Sí, Jonay ha nacido sin un brazo —añadió con una mirada que deseaba ayudar, pero no sabía exactamente cómo.

Los pediatras callaron, miraban a Pitu intentando transmitir todo el apoyo y comprensión que se puede transmitir en unos momentos así. Pero él se negaba a creerlo.

—Pero ¿cómo puede ser? Es imposible. ¿Seguro que están hablando de Jonay? Si le hemos hecho muchas ecografías y todo estaba bien. ¿Cómo puede ser?

Las preguntas se agolpaban en su cabeza mientras se adentraba en lo que iba a ser su nueva vida en un mundo paralelo, como años después me reconoció.

—Pero eso no fue lo más difícil, Lucía —me decía Pitu cuando recordábamos lo sucedido—. Lo que realmente me machacó, lo que casi me mata, la hostia más dura, fue la pregunta que me hicieron a continuación:

»—¿Quieres ver a Jonay?

»—¿Que si quiero verlo? Por supuesto. Es mi hijo —les dije.

»Y ahí sí me vine abajo, ahí sí rompí a llorar. Era mi hijo. Y aquella era la primera vez que lo decía: "Mi hijo".

»—Por supuesto que quiero verlo, soy su padre —afirmé con la cabeza muy alta, secándome las lágrimas y apretando la mandíbula para eliminar cualquier atisbo de temblor o debilidad.

Entró en aquella sala llena de incubadoras con otros niños que pertenecían a otros padres que a su vez ya habían emprendido el viaje hacia «el mundo paralelo» que descubrirían Pitu y Gloria meses después.

—La primera vez que lo vi me pareció el niño más bonito del mundo. Era tan pequeño, tan frágil. Estaba cubierto, tapadito hasta la barbilla, dormía plácidamente. Me pareció verle sonreír incluso. Abrí la puertecita de la incubadora y le acaricié. Su piel era transparente... Sentí por vez primera el orgullo de padre. No sé cuánto tiempo pasó ni en qué momento empecé a llorar, solo sé que vino una enfermera, puso su mano sobre mi hombro y me dijo: «No llores más. Jonay está muy bien». ¡Y aquello me ayudó tanto! Efectivamente, Jonay estaba bien, en unos días saldría de aquel hospital sano y fuerte en nuestros brazos, en los brazos de sus padres.

Cuando Pitu abandonó la UCI y cerró la puerta pensó en su mujer y sintió que la angustia le devoraba. Solamente había pasado media hora desde que le habían hecho la cesárea de urgencia. Media hora, treinta minutos..., y sus vidas ya habían cambiado. De pronto, y por primera vez, el peso de la paternidad cayó sobre sus espaldas. No hubo tiempo para hacerse a la idea, no hubo tiempo para que nadie que no fuera él tomara el control de la situación y se convirtiera en el director de orquesta de la pieza musical más importante que interpretaría en su vida.

Entró en la habitación y ella aún no había llegado, había perdido mucha sangre y estaba en reanimación; fuera de peligro, pero bajo vigilancia estrecha. Entonces cogió el teléfono y llamó a la única persona a la que se le puede transmitir una noticia así: a una madre.

—Llamé a mi madre y se lo conté —me dijo Pitu.

En este momento de nuestra conversación, seis años después de lo sucedido, vi llorar por primera vez a este tipo duro que tantas veces había pisado mi consulta.

A continuación llamó a su suegro, que en esos momentos intentaba coger un avión para reunirse con su querida hija.

—Esa llamada fue una de las más difíciles, ¿sabes, Lucía? —me confesaba—. Mi suegro es un hombre muy vital, es un gran deportista y amante de la vida. Él fantaseaba con el día en que se llevaría a su nieto a recorrer las montañas francesas en bicicleta y yo, en esos momentos, sentía que le estaba fallando. Qué duro decir esto, ¿verdad? Pero así fue. —Agradecí su sinceridad.

Tras hacer todas las llamadas pertinentes, tras pedir por favor que les dejaran una habitación para ellos solos y tras madurar en solitario lo sucedido, lo tuvo claro.

—No le voy a decir nada a Gloria. Quiero que sean los mismos médicos que me lo dijeron a mí los que se lo digan a ella, con las mismas palabras y con la posibilidad de ver al bebé inmediatamente después de decírselo.

A pesar de su clarividencia pidió por favor hablar con un psicólogo, deseaba hacer las cosas de la mejor manera posible, consideraba que esos primeros minutos en contacto con su nueva realidad podrían tener un impacto en ella imborrable, como así fue.

«No tenemos psicólogo, pero sí psiquiatra —le dijeron las enfermeras—. No se preocupe, que ahora la llamamos.»

—Aquella mujer, tras escuchar mi historia, mi breve historia de apenas dos horas de las que podría hablar una vida entera, me cogió de la mano y me dijo: «Tranquilo, lo estás haciendo muy bien. Sigue tu instinto y, si prefieres que sean los pediatras quienes informen a Gloria en tu presencia, que así sea».

Y eso hicieron. Gloria no podría subir a la planta de neonatos hasta el día siguiente, así que Pitu pasó las veinticuatro horas más largas de su vida al lado de su mujer sin decirle una sola palabra del brazo de Jonay.

—Quería que se recuperara, quería verla un poco mejor. Quería que pudiera ver a su bebé justo después de recibir la noticia.

Y así ocurrió. Gloria subió en silla de ruedas hasta neonatos, los pediatras repitieron la misma escena, esta vez acompañados por un pediatra veterano que aportó más calidez y ternura a esa fría salita de espera. Entre todos le dieron la noticia a Gloria. Noticia que ella no comprendió.

—En todo momento pensé que Jonay había nacido con un brazo paralizado; cuando pasé a la sala de incubadoras y me ofrecieron acariciar al niño, la realidad casi me aplasta. Fui a acariciar su brazo paralizado y no lo encontré, no estaba bajo esas mantas. Rápidamente le destapé y me encontré con un diminuto muñón vendado bajo su hombro. ¿Sabes lo que es dolor, Lucía? ¿Sabes qué es dolor de verdad? Aquello fue la experiencia más dolorosa de mi vida. Me quedé sin habla, sin respiración, sin nada a lo que aferrarme. Jonay había nacido sin un brazo.

Y ahí empezó su nueva vida, la de todos. La familia de Gloria y de Pitu fue llegando al hospital y, en lugar de darles la enhorabuena por el niño tan precioso que habían tenido y que pronto llegaría a casa, parecía que les daban el pésame.

—¡Mira, mamá, aquí no se viene a llorar! —le dijo Pitu bruscamente a su madre cuando empezó a llorar amargamente a los pies de la cama de Gloria.

—Pero ¿qué ha pasado? ¿Cómo ha sido? ¿Por qué sin brazo? —preguntaban otros sin ánimo de ofender, pero hiriendo profundamente a unos padres que aún estaban haciéndose a la idea.

—Que aquí no se viene a preguntar, ¿entendéis eso? Aquí se viene a ayudar, a darle un beso a Gloria y a celebrar que acabamos de ser padres. Y punto —sentenció Pitu.

Francamente, le daba igual, su mujer y su hijo eran lo primero. Y si algo tenía claro es que no quería que nadie le acompañara en este proceso desde la pena o desde la lástima.

—Hay dos cosas que no soporto, Lucía —me decía hace unos meses—, y si ya me las dicen juntas me matan. Y es «pobrecito» y «qué lástima». Ni pobrecito ni qué lástima. Jonay es un niño sano, no tiene ninguna enfermedad, es más listo que un rayo, corre, juega, anda en bicicleta, se tira en tirolina y es un niño feliz.

Y así es.

Tras quince días ingresado, Jonay salió en brazos de sus padres, ajeno a todo lo que había ocurrido, él había nacido así y no podía echar en falta una parte de su cuerpo que nunca había tenido.

Ese día Gloria recibió un mensaje que recordaría el resto de su vida. Su hermana Pauline, desde Australia, una vez más le acariciaba el alma:

«¿Tú sabes la suerte que tiene Jonay de haber nacido con unos padres como vosotros? Te quiero, hermana.»

Y este fue solo el principio de un viaje que emprendieron Gloria y Pitu hace seis años y en el que Jonay ha llevado prótesis de todos los tamaños, inicialmente cosméticas, es decir, no articulables, hasta que hace dos años por fin llegó la mioléctrica.

—¡Qué contentos estamos, Lucía! Al fin nos han dado la prótesis mioléctrica. Jonay va a ser capaz de hacer la pinza, de mover los dedos de la prótesis. Venga, Jonay, enséñale a Lucía —decía Gloria una mañana en consulta.

Jonay, con apenas cuatro años y con un brazo que pesaba demasiado para él, miraba fijamente su hombro, donde tenía colocados los electrodos y hacia donde tenía que mandar la señal mentalmente para que su mano se abriera y se cerrara.

Por más que lo intentaba, la mano no se abría.

—¡Venga, Jonay, tú puedes! ¡Concéntrate! —le insistía su madre.

—Coge este rotulador —le dije yo.

Pero él inmediatamente levantó su brazo sano y lo cogió entre carcajadas.

—No, hombre, no, eso no vale, pillín —le dije riéndome yo también.

Cogí un coche de juguete que tenía en la mesa y se lo ofrecí. Su madre y yo mirábamos fijamente esa mano articulada con el deseo de que finalmente se abriera...

—Venga, Jonay, piensa que la mano se abre, vamos —le decía su madre.

Entonces Jonay, con su mano derecha sujetó su brazo articulado izquierdo para ayudarse a levantarlo, se acercó al coche y empezó a mirar fijamente su hombro, su prótesis, su mano y, finalmente, tras varios minutos, la mano se abrió.

Recuerdo aquel momento con tanta intensidad que aún hoy, escribiendo estas líneas, me emociono.

Su madre y yo nos levantamos al unísono aplaudiendo:

—¡Bravo, Jonay! ¡Bravo!

Y él se reía observando nuestra exagerada respuesta mientras abría y cerraba compulsivamente su mano izquierda.

Fue un momento mágico que consiguió que todos los viajes en busca de soluciones y luchas contra la Administración mereciesen la pena. En ese viaje de luces y sombras se encontraron con otras familias como ellos y en ese mundo paralelo conocieron a personas maravillosas con las que han aprendido a disfrutar de verdad de la vida. Padres, madres, niños sin un brazo, sin dos, sin una pierna, sin dedos, sin las dos piernas..., todas las posibilidades imaginables.

Todos ellos con un ansia infinita de vivir, con una sonrisa permanente y con algo que no tenemos el resto de los mortales: alas.

Jonay tiene alas y esas alas conseguirán que alcance todos sus objetivos, que no haya nada que le pare, nada que le frene, él es un superhéroe de carne y hueso con un pequeño ángel a su lado que le cuida y le protege, que es su hermana pequeña, Laia.

—El embarazo de Laia lo resumo en una sola palabra: *miedo* —me confesaba Gloria.

—¿Recuerdas el momento en el que te enseñaron en la ecografía las dos piernas y los dos brazos de Laia? —le pregunté una mañana de confidencias.

—¿Que si lo recuerdo? Me eché a llorar cuando lo vi con mis propios ojos.

—¿Y el parto? ¿Cómo fue? —Me sentía tan cerca de esta familia que necesitaba pasearme un poco más por el alma de esta madre que tanto había luchado.

—Cuando al fin nació, le pregunté a Pitu: «¿Está entera?». Entonces él con lágrimas en los ojos me dijo que sí, me la puso sobre mi pecho desnudo, le acaricié su cuerpo entero y entonces, solo entonces, me di permiso para quererla.

La semana que escribía esta historia de lucha y superación, Jonay empezaba primaria: cole de mayores, patio de mayores, nuevos compañeros, nuevos profesores, nuevos retos y... nuevos miedos también.

Jonay ha de aprender a funcionar igual de bien con prótesis que sin ella, esas son las instrucciones médicas, por ello a veces se la pone y otras va libre como el viento, que es como él prefiere ir. Aquella mañana había decidido ir sin su brazo articulado, era el primer día de colegio y necesitaba sentirse bien. Así que allá fue, con una camiseta de manga corta y su mochila a los hombros. Pitu y Gloria le acompañaron hasta la puerta, estaban nerviosos, aunque no querían que él lo notara. Aún dolían determinadas miradas o comentarios que escuchaban a su paso de vez en cuando en el súper, en la playa o en la misma piscina de la urbanización. En esta ocasión sonreían expectantes, emocionados, ilusionados. Jonay llegó el primero a la puerta del colegio, por lo que decidió ser el primero también de una fila que había decidido empezar él mismo. Y allí se quedó esperando, tranquilo y jugueteando con los pies, con unas piedrecitas del suelo. Sus padres observaban desde la distancia. En unos minutos, la puerta se llenó de niños, algunos mayores que él, que poco tardaron en percatarse de la ausencia de su brazo izquierdo. Y esto es lo que tiene la maravillosa curiosidad infantil, un niño se acercó a su lado y señaló su hombro:

—¿Y tu brazo? —le preguntó.

—Aquí —le dijo Jonay sonriente y orgulloso, levantándose la manga de la camiseta y enseñándole su pequeño muñón—. Aquí está —repitió con una sonrisa más amplia si cabe y levantando sus cejas.

Enseguida el resto de niños se acercó a curiosear y en apenas tres minutos Jonay se había convertido en el centro del corrillo y les enseñaba a todos cómo era su «no brazo» mientras les explicaba detenidamente cómo funcionaba cuando se ponía la prótesis.

Los niños sonreían asombrados, ni uno solo mostró rechazo, tristeza, miedo, ni siquiera pena. Toda una enseñanza de vida para los adultos.

—¡Hala! ¡Mañana nos enseñas la prótesis esa! ¡Qué chulada!

Y así de feliz y orgulloso entró Jonay por la puerta del colegio rodeado del resto de los niños que correteaban y saltaban con las mochilas a sus espaldas.

—¡Tonto el último! —alcanzó a escuchar su padre desde la entrada.

Y corriendo como balas salieron todos en dirección al patio de los mayores. Jonay llegó el primero de todos ellos. Sus padres contenían las lágrimas al ver celebrar su victoria levantando su único brazo, pero volando de felicidad por encima de todos ellos con aquello que solo él poseía: alas.

3

LA CARRERA DE LA MATERNIDAD PARA LA QUE NADIE ME PREPARÓ

Déjate llevar por tus emociones.
Sigue tu instinto.
No permitas que nadie intente juzgar
tu manera de vivir y de sentir.
Es intransferible, es irrepetible, es inolvidable.
Y es tuya.

Nadie nos prepara para ser madres. Una piensa que al ser algo que se lleva haciendo desde hace miles y miles de años no tiene demasiado misterio, ¿verdad?

«Solo has de usar el sentido común», escuchas por ahí.

Y cierto que el sentido común es uno de nuestros mejores consejeros, pero dime una cosa: ¿crees que es igual mi sentido común que el tuyo? ¿El de tu abuela que el tuyo? ¿El sentido común de un hombre y el de una mujer? Vayamos más allá. ¿Es igual el sentido común de una mujer angoleña que el de una alemana? ¿Y el sentido común de un padre de familia nacido y criado en Arabia Saudí y el de un padre brasileño? ¿Verdad que no?

No, no es lo mismo. Más que el sentido común yo reivindico «tu sentir», que no tiene por qué coincidir con el sentir del resto, ni siquiera con el de tu madre, aunque cada vez te parezcas más a ella.

Y a esta reflexión llegué cuando de nuevo volví a caer del pedestal en el que me encontraba.

Me quedaba un año para terminar mi especialidad de pediatría. Llevaba trabajando en un hospital ya tres años, había hecho muchas guardias y había visto muchas cosas. Cuando mi marido y yo decidimos ir a por nuestro primer hijo, pensé: «Bueno, esto de la maternidad lo tengo *chupado*. Después de todo lo que he visto, de todo lo que he estudiado, de la cantidad de niños que he tratado y las interminables conversaciones de madre que he escuchado, ¿hay algo que me vaya a pillar a mí por sorpresa? Con mi experiencia como pediatra y un poquito de sentido común, esto es pan comido. ¡Venga! ¡A por él! ¡Será maravilloso y... será fácil!».

Y una vez más la maravillosa inocencia de juventud. Ahora que han pasado diez años y recuerdo estas palabras, me da la risa.

Tantas cosas había en la maternidad que yo no sabía, que nadie me había contado y que yo, con todo lo buena médico que era, no supe ver...

Porque entramos en la maternidad no por la puerta grande, no; entramos por la puerta de atrás y despacito. Muy despacito, porque desde el mismo instante en el que llegamos a casa tras el alta del hospital sentimos que es terreno no explorado, arenas movedizas incluso.

Recuerdo una calurosa tarde de primavera en mi casa. Mi bebé tenía una semana de vida, justamente el mismo tiempo que llevaba sin dormir, sin poder sentarme en una silla decentemente a comer porque los puntos se empeñaban en recordarme lo doloroso y traumático que había sido mi parto. Jamás imaginé que parir doliese tanto. Una semana de no poder mirarme al espejo porque no me reconocía, una semana de preguntas sin respuestas. Y lo que me quedaba.

«Con lo bonita que estaba yo con mi barriguita de embarazada», pensaba cada vez que un espejo se cruzaba en mi camino.

Una semana de lágrimas agridulces. Una semana de incertidumbre, de miedos, de dolor en el pecho:

«Pero si la lactancia no duele...», me repetía una y otra vez.

Una semana de mirar a mi marido y pensar: «Me lo han cambiado. No se entera de nada».

Una semana en la que la culpa me aplastaba día tras día y en mi cabeza solamente escuchaba: «Lucía, haz el favor de recomponerte, eres pediatra. ¿Qué te pasa? ¿Por qué estás así? ¿Por qué no celebras el feliz acontecimiento como todos los que están a tu alrededor? ¿Dónde está tu energía vital, tu alegría inagotable, ese entusiasmo al que nos tienes a todos acostumbrados? ¿Dónde está tu fuerza?».

Y yo intentaba apartar esos pensamientos de mi cabeza, pero no podía. En cuanto me relajaba volvían a mí como la peor de mis pesadillas:

—No tienes derecho a estar así. Tienes un hijo precioso. Todo ha salido bien. Vale, el parto costó un poco, dolió bastante, pero tú esto ya lo sabías. Eres pediatra. Has asistido a cientos de partos, has cogido a cientos de niños, has hablado con cientos de madres. ¿Qué diablos te pasa?

—¡Que qué me pasa! —exploté en una ocasión—. ¡Que yo esto no lo sabía! ¡Nadie me lo había contado! —Y rompí en un amargo y desconsolado llanto.

Mi madre escuchó, o quizá sintió, mis lágrimas desde la habitación de al lado y entró sin llamar, sin pedir permiso, como cuando te besan.

Los besos se dan sin pedir permiso,
los gestos de amor, también.

Se sentó a mi lado, en la cama. Besó la frente de mi precioso y adorable hijo Carlos, que mamaba tranquilo ajeno a mi amargura. A continuación me acarició a mí la cabeza, me besó en la mejilla. No dijo una sola palabra... Yo seguía llorando. Con ella no podía disimular. No quería disimular. Fue entonces cuando se levantó, entró en el cuarto de baño y cogió mi cepillo. Volvió a mí. Se sentó de nuevo a mi lado, esta vez detrás de mí y empezó a cepillar mi larga melena rubia. Mientras me cepillaba el pelo me acariciaba el alma también. Sí, me estaba acunando..., al fin y al cabo era su hija, su frágil y vulnerable hija.

El tiempo se detuvo, mi llanto se convirtió en sollozo, el sollozo en suspiros y los suspiros en silencio. Silencio que únicamente era interrumpido por los ruiditos de Carlos mamando sin descanso.

Mi madre me hacía una trenza lentamente, con cuidado, con mimo, como cuando era pequeña. Cuando terminó, se levantó, cogió el bote de perfume de mi mesita de noche y me echó unas gotitas detrás de las orejas, en la nuca y en el cuello. Sostuvo mi cara con sus dos manos, me besó en la frente y así, muy cerquita de mí, me dijo:

—Esto es el posparto, mi amorín. Pasará, te prometo que pasará.

Y pasó.

Claro que pasó. Y cuando al fin salí de ese oscuro y desconocido posparto desperté y amanecí en lo que iba a ser el viaje más apasionante y maravilloso de mi vida: la maternidad.

Y ahora, tras tantos años, recuerdo lo enfadada que estaba esos primeros días. ¿Por qué nadie me había contado esto?

Me enfadé con mis profesores de la facultad:

—Entre todas las cosas inútiles que estudiamos, ¿a nadie se le ocurrió dedicar una clase, solo una, al posparto?

Me enfadé con mis adjuntos del hospital, mis veteranos:

—Cuatro años enseñándome lo mejor de vosotros, siendo vuestra aplicada pupila que trabaja duro por el día y estudia por la noche para llegar a ser tan buena pediatra como vosotros, y ¿ninguno me había contado el posparto?

Me enfadé con todas las mujeres que habían pasado por mi vida y que ya eran madres:

—¿Por qué no me advertisteis?

Me enfadé conmigo misma:

—Lucía, llevas cuatro años atendiendo a niños, a madres, a padres... ¿Y nunca te habías dado cuenta del *tsunami* emocional que supone dar a luz? Has estado ciega, ¿o qué?

Y es ahora, que disfruto plena e intensamente de mi maternidad, cuando me pregunto...

¿No sería más fácil si compartiésemos más este tipo de experiencias?

¿No sería más fácil si hablásemos entre amigas, hermanas y madres de lo que suponen las primeras semanas tras dar a luz?

¿No sería más fácil si en las clases de preparación al parto nos explicaran menos los pujos y más las emociones? Porque llegado el momento todas empujamos, ¡vaya que si empujas!, claro que empujas, no deseas otra cosa más que empujar con todo tu cuerpo, te va la vida en ello, más aún, va la vida de tu hijo en ello.

Pero, para el posparto, ¿por qué nadie nos prepara?

¿No sería más fácil que hablasen claro a nuestras parejas?

—Mira, esto es lo que le va a suceder a tu chica cuando dé a luz. Tranquilo, porque es normal. No te la han cambiado. Ella volverá. No os hagáis demasiadas preguntas. No permitas que ella se las haga tampoco. Apóyala, ayúdala en todo lo que esté en tu mano. Cuida de ella, de la madre, que es quien más te va a necesitar. Ella es la gran olvidada de esta historia.

Que para coger al recién nacido sobran brazos, pero para consolar a la «recién mamá», faltan ganas.

Cuídala, mímala, tranquilízala y haz lo necesario para que físicamente se vaya recuperando. Esto ayuda mucho a que emocionalmente se recomponga. Y una última cosa, si necesitas ayuda, pídela.

No es la primera vez que acude un padre solo a la consulta, sin su mujer y sin su bebé, a pedir ayuda. Y me parece un gesto valiente que denota un verdadero amor incondicional por su familia.

—Lucía, no sé qué debo hacer. No sé si esto es normal. Ella vendrá la próxima semana, pero yo he decidido pasarme unos días antes para contarte qué le está ocurriendo. Sé que nos ayudarás...

Y en esos momentos no necesitan una opinión de experto, ni de catedrático de universidad. Necesitan fundamentalmente que se les escuche y que aporten un poco de luz en ese túnel que aún están atravesando. En ese caso la bombilla la encendí yo, pero también la puedes encender tú cuando te sientes a tomar un café con unos padres que esperan a su primer hijo.

Así que la próxima vez que compartas una tarde con una embarazada, adviértele, desde el amor que sientes por ella. Te lo agradecerá toda su vida. Será tu mejor regalo.

4

QUERIDA HIJA...

Hay momentos en los que el mundo se detiene.
Y se detiene para que tengamos unos minutos más.
Son oportunidades que nos da la vida.
Aprovéchalas.

Te escribo esta carta en este libro porque es la única manera de garantizar que algún día la leerás. Y quiero que lo hagas cuando estés embarazada de tu primer hijo.

Querida hija, a tu alrededor te harán muchos regalos: canastillas, una cuna, un cambiador, una sillita para salir a pasear, una mochila para iniciarte en el porteo y que no pases un solo minuto sin tu bebé pegado a tu cuerpo, juguetes, cremas y mantitas... Yo no voy a ser menos y también te voy a hacer un regalo: esta carta.

¿Sabes, cariño? Aún tienes siete años, pero ahora mismo te estoy visualizando dentro de otros veinte. Y te veo con tu larga melena, tus inmensos ojos verdes llenos de vida, tu piel fina y clara sin rastro aún de los avatares de la vida. Con tu mano izquierda sujetando este libro y con la derecha acariciándote la barriga en un ingenuo intento de acariciar también a tu bebé.

¡Ya eres mamá! ¿Verdad que te sientes mamá? Desde el

mismo instante en el que nos quedamos embarazadas ya nos sentimos madres, es un sentimiento maravilloso. No pasa un solo minuto sin que pensemos en el pequeño ser que está tomando forma dentro de nuestro cuerpo. Cielo, siente cada uno de sus movimientos, cada una de sus patadas. Párate y siéntelas, disfrútalas. Es un privilegio exclusivo de las mujeres, no las dejes pasar. Las recordarás siempre.

Estás deseando ver su carita, ¿verdad? ¿Habrá un deseo más poderoso que ese durante estos nueve meses? Cuando tú estabas dentro de mí te imaginaba a todas horas: cómo serían tus ojos, tu pelo, tu cuerpo entero... Y me pasaba las horas del día en un estado de enamoramiento de una persona a la que aún no conocía, pero que ya sentía mía. Y se me iban los ojos detrás de los recién nacidos y de las «recién mamás». Observaba tímidamente cómo los amamantaban, cómo los acunaban y contaba las horas para ser yo, pasados unos meses, la que calmaría tu llanto en mi regazo.

Cariño, cuando al fin llegue ese momento de verle la cara a tu hijo, cuando estés allí tumbada rodeada de gente, con muchos focos iluminándote y muchas voces opinando, sentirás miedo. Te sentirás vulnerable y frágil. Tranquila. Es normal. No dejes que el miedo te paralice. Estás a punto de vivir la experiencia más extraordinaria e impactante de tu vida. Te garantizo que no hay momento igual en la vida de una mujer. ¡Qué menos que sentir miedo!

Por supuesto que sí. Date permiso para sentirlo. No pasa nada, es natural.

Si finalmente es un parto vaginal, empujarás con todas tus fuerzas, mi amor, con todas las fuerzas que tenías y que nunca creíste tener. Notarás cómo te partes en dos, cómo te divides, escucharás tu corazón latir más fuerte que nunca, sudarás, gritarás y, conociéndote, llorarás, llorarás mucho al ver al fin a tu bebé sobre tu pecho desnudo. No sabes lo que yo lloré al verte por vez primera, al besarte, al olerte. Lloré mucho, lloramos mucho. Papá y yo abrazados en aquella camilla, con tu cuerpo diminuto sobre nosotros. Tan frágil y tan fuerte al mismo tiempo. Tan nuestra. En ese preciso instante el mundo se detuvo. Y cuando llegue tu momento se volverá a detener.

Sí, cariño, hay momentos en los que el mundo se detiene. Y se detiene para que tengamos unos minutos más. Son oportunidades que nos da la vida. Aprovéchalos.

Acariciarás con tus manos temblorosas su cuerpo empapado de ti y le dirás como yo te dije a ti:

—Shhhh, tranquila, mi amor, tranquila. Ya estás con mamá... Llora tranquila.

Y tu bebé, al escuchar tu voz, voz que lleva escuchando nueve largos meses, se calmará e intentará abrir los ojos. Y ahí estarás tú: su madre. Te reconocerá en su primer aliento y lo sabrás.

Querida hija, a esta explosión de dolor, llanto, y felicidad extrema le seguirán unos días grises. Unos días de nubes, en ocasiones, tormentas. Es el posparto, del que espero se hable más cuando leas esta carta. ¿Te puedes creer que cuando yo me convertí en madre no sabía ni lo que era? Probablemente te estés riendo ahora mismo. Me alegro, pues eso querrá decir que muchos millones de mujeres ya hemos hablado tanto de ello que al fin se ha normalizado y aceptado como una fase normal, pero emocionalmente difícil para la mujer y para su compañero de viaje.

No te hagas demasiadas preguntas, hija. No es momento de buscar respuestas.

No culpabilices a los que te rodean de tu aparente tristeza. No te sientas culpable si no celebras con la misma energía que los demás el feliz acontecimiento.

No sufras, mi amor, no lo hagas si el maravilloso sentimiento de la maternidad del que tanto oíste hablar no te llega en el preciso instante en el que coges a tu hijo por primera vez en brazos. Tranquila. Respira.

Mantén la calma. Busca apoyo. Yo estaré a tu lado para secar cada una de tus lágrimas como estuvo la Minina, tu abuela, al mío cuando tú naciste.

No te frustres si crees que tu marido ha dejado de comprenderte, si sientes que habéis perdido la complicidad que teníais antes. No lo hagas, porque no es más que un espejismo. Tus hormonas caerán en picado y ese es el motivo de tu desazón. No vayas más allá. No es momento de explorar.

No te sientas culpable por no desearle como lo hacías hace unos meses. Te seré franca, no tendréis buen sexo hasta que no pase un tiempo prudencial en el que tú te encuentres físicamente bien. Y esto es lo normal. Así que, ahora que ya lo sabes, no te culpabilices más. Todas las piezas del puzle que se encuentran en estos momentos desordenadas y sin sentido encajarán a la perfección en un tiempo. Y entonces dirás, entonces gritarás:

—¡¡¡Síííí!!! ¡Vuelvo a ser yo!

Durante estas semanas es momento de intentar recuperarte lo antes posible. De salir a pasear si esos dichosos puntos a los que llegas a odiar con todas tus fuerzas te lo permiten. Date licencias, llama a tus amigas si así lo deseas o diles directamente que no quieres visitas si lo que necesitas es estar a solas con tu bebé y tu marido.

Sé sincera con todos ellos, pero sobre todo sé sincera contigo misma.

Recuerda y ten presente que los primeros días del nacimiento de vuestro primer hijo son de tal intensidad y emoción que solo han de ser vividos y sentidos por vosotros: papá, mamá y vuestro hijo.

No permitas que nadie enturbie esos momentos. No te dejes llevar por el qué dirán si no los invitas a venir a casa, ni te dejes arrastrar por las opiniones ni deseos de los demás. Es vuestra casa, es vuestro hijo y es vuestro momento: la maternidad acaba de llamar a la puerta. No hay más.

Vividla como vosotros queráis y sintáis. Nadie ha de opinar, ni siquiera yo con todo lo que dicen por ahí que sé de niños...

Los que de verdad os queremos os apoyaremos desde el patio de butacas o desde el mismísimo escenario, si vosotros así lo deseáis, pero sois vosotros los directores de orquesta, no lo olvidéis.

Así que, mi cielo, mi niña..., para mí siempre seguirás siendo mi niña, coge aire, respira profundo, oxigena tu cuerpo y el de tu bebé, cárgate de fuerza, de amor y de energía. Ama mucho, sonríele a la vida y piensa en positivo: «Todo va a salir bien, todo va a salir bien», repítetelo cada vez. Cada vez que el miedo ose eclipsar el momento que estás a punto de vivir.

Apóyate en tu chico, estará a tu lado, la mitad de su ser está en tus entrañas y, en unos meses, estará en tus brazos también.

Papá y mamá estaremos junto a ti, incondicionalmente. Palabra que cobra todo el significado del mundo cuando te conviertes en madre: *incondicionalmente.*

¿Estás preparada? ¿Estás preparada para querer a alguien más de lo que nunca te has imaginado que podrías querer? ¿Más que a nada, más que a nadie, más que a tu propia vida incluso?

Pues ahora ya sabes lo que te he querido, lo que te quiero y lo que te querré.

Siempre tuya,

Mamá

5

PERO SI SOLO FUE UN SEGUNDO

Los ahogamientos suponen la segunda causa de mortalidad accidental infantil en menores de catorce años en España.
Más de cinco mil niños mueren ahogados cada año en Europa.

—¡Cariño, este año tiramos la casa por la ventana! ¡Qué bien hemos hecho alquilando esta casita con piscina particular! El niño ya tiene cinco años y lo disfrutaremos de lo lindo. Voy a hacer algo de compra y vengo enseguida —dijo Diego entusiasmado.

—Perfecto, yo voy a deshacer las maletas —contestó Silvia con la ilusión de una niña con zapatos nuevos.

Acababan de llegar a la casa de veraneo, un precioso chalet en la costa del Mediterráneo.

—Álvaro, cariño, voy al baño un minuto. A ver cómo tocas el tambor, que yo te oiga —le dijo su madre.

Álvaro empieza a tocar con toda la energía de un niño feliz, sin preocupaciones y con la excitación de comenzar las vacaciones familiares en una casa nueva.

«Pom, pom, pom», escuchaba su madre desde el baño.

De pronto, el tambor dejó de sonar.

«Tiene cinco años, Silvia, relájate, ya es mayor», pensó mientras terminaba de hacer pipí.

¿Conocéis ese sexto sentido de una madre que a veces te empuja a pensar lo impensable? Pues ella lo pensó, lo imaginó, lo vio y salió corriendo, aterrada.

—¡Álvaro! ¡Álvaro! ¿Dónde estás?

Silencio.

El tambor estaba en mitad del suelo del salón, sin Álvaro aporreándolo. Vio la puerta del garaje abierta y bajó las escaleras de dos en dos:

—¡Álvaro! ¡Álvaro! ¡Contéstame! —gritó.

Silencio.

Llegó al garaje, no había nada, no había nadie. Volvió a subir las escaleras, esta vez de tres en tres. Su corazón no podía latir más deprisa, sus pensamientos la asfixiaban. Entró de nuevo al salón. Una corriente de aire movió las cortinas que invadieron la mitad de la habitación en señal de aviso, de alerta, de alarma: la puerta hacia el jardín estaba abierta.

«¡Dios mío! ¡La piscina!», pensó.

Nunca había tenido una casa con piscina, por lo que esa no fue la primera opción y por lo que inconscientemente pensó en las escaleras hacia el garaje, en una caída, en un tropiezo, lo que fuera menos en la piscina. No, eso era impensable, inimaginable.

Pero fue. Salió al jardín y lo vio. Silvia me asegura que su corazón se paró durante tres segundos cuando encontró a Álvaro. Y la creo.

El pequeño estaba en el fondo. Boca abajo. Hundido. Ahogado. Silvia afirma que estaba muerto. Se lanzó al agua, lo sacó, lo reanimó. Nadie le había enseñado, pero ella lo hizo. Gritó, lloró, suplicó ayuda mientras masajeaba el cuerpo inerte de su hijo, mientras le insuflaba aire a sus pequeños pulmones, mientras imploraba otra oportunidad de vida.

—¡Por Dios, que alguien venga a ayudarnos! —gritó. Y habló en plural, *ayudarnos*, porque Álvaro iba a salir vivo de esta, lo iba a hacer.

La ayuda llegó: primero un vecino que escuchó los alaridos de una madre desesperada, luego la Guardia Civil y finalmente el SAMU. Para entonces su madre ya le había salvado la vida. No sabía cómo lo había hecho, pero lo había conseguido.

Tras tres días ingresado en el hospital, Silvia me mandó un mensaje con una foto de Álvaro. Estaba feliz, con un pijama azul dos tallas más grande, sonriente, con el pulgar hacia arriba y con un: «Hace cinco años le salvaste la vida, en esta ocasión se la he salvado yo. Muchísimas gracias por preocuparte, por existir y por permanecer en nuestras vidas. Volvemos a casa».

Los ahogamientos suponen la **segunda causa de mortalidad accidental infantil** (después de los accidentes de tráfico) en menores de diecinueve años en Europa y en menores de catorce años en España.

Más de cinco mil niños mueren ahogados cada año en Europa.

En España, cada año sufrimos la pérdida de cuatrocientas cincuenta personas de todas las edades: entre veinte y treinta de los fallecidos son niños.

Nací y crecí en Asturias. Mi contacto con las piscinas durante mi infancia no salió de la municipal de Oviedo y de los siete u ocho días soleados de nuestro verano cuando, mochila a los hombros y bocata de atún en mano, pasábamos la tarde entre amigos. Nunca escuché que nadie se ahogara en piscinas, el motivo es evidente, casi no existen las piscinas privadas, el clima no acompaña. Sin embargo, los asturianos, como los cántabros, gallegos y vascos, tenemos un respeto profundo por el mar. Traicionero, peligroso y, en ocasiones, despiadado. Cada verano las portadas de nuestros periódicos se llenaban de historias desgarradoras de niños, adolescentes, padres y hasta expertos marineros ahogados en el Cantábrico.

Cuando llegué a Alicante y comprobé que muchas de las urbanizaciones tenían piscina y que la mayoría de ellas no estaban valladas, me sentí desconcertada. Cuando además descubrí que muchas de ellas ni siquiera tenían socorrista porque las dimensiones de las piscinas no obligaban a ello, pensé: «¡Qué temeridad!». Pero cuando empecé a ejercer y llegó el primer niño ahogado a mi guardia, me vine abajo.

—Pero si solo fue un segundo —repetían una y otra vez aquellos padres destrozados y abatidos de dolor y culpa.

Días después de este drama se celebró la primera reunión de comunidad de mi urbanización. En ella observé atónita cómo buena parte de la reunión discurría entre los pros y los contras de poner una valla alrededor de la piscina.

«¿Cómo? ¿He oído bien? ¿Están hablando de *contras*?», pensé.

Al ser la recién llegada, decidí seguir escuchando antes de intervenir.

Había escuchado bien: contras de poner una valla. ¿Sabéis cuál era la razón principal por la que un grupo de vecinos no quería ponerla?

Por estética. Según ellos, era antiestético.

—Yo siempre he vigilado a mis hijos en la piscina y nunca les ha pasado nada.

Pero ¿qué tipo de razonamiento era ese? Pero ¿de verdad pensáis que los padres que han vivido la desgracia de perder a un hijo ahogado no hubiesen dado su vida por haber cambiado ese segundo de su historia?

No daba crédito a lo que oía. Cuando pensé que ya lo había escuchado todo vino la peor parte.

—Como no nos ponemos de acuerdo, vamos a votar: valla, sí; valla, no —dijo el presidente de la comunidad.

«¿Votar? ¿Votar para evitar accidentes? Someter a votación el poner una valla que evite ahogamientos es como someter a votación "drogas, sí; drogas, no", en el recreo del instituto», pensé indignada.

En ese momento no quise intervenir porque, ingenua de mí, daba por hecho que este sector del «no a la valla», aunque ruidoso, era minoría. Mi sorpresa fue mayúscula cuando ganaron por goleada: no a la valla y no al socorrista, «que costaba mucho dinero y, total, para lo que hace».

Sintiéndolo mucho y aun corriendo el riesgo de ganarme el calificativo de la *oportunista de turno,* intervine:

—¿Antiestético? ¿Estáis hablando en serio? ¿Sabéis que el uso de medidas de protección y barrera es la medida más eficaz para prevenir ahogamientos? ¿Sabíais que la segunda causa de mortalidad infantil por accidente en España es justamente esa, que uno de nuestros hijos muera ahogado? Todos los que estamos aquí tenemos hijos pequeños... ¿Estáis seguros de lo que habéis votado?

—Pues sí —me contestó una madre ofendida—. Aquí, en esta urbanización, cada padre vigila a sus hijos. Hemos votado y no hay nada más que decir.

Creo recordar que fue la última reunión a la que asistí. Durante los años que viví en esa urbanización me pasaba más tiempo en el jardín que en mi propia casa, «chupando banco», como solía decir, vigilando a mis hijos ya fuera primavera, verano, otoño o invierno. Aun con todo, una fría tarde de enero, al anochecer y delante de mis narices, presencié cómo mi propio hijo se caía de cabeza a la piscina, con abrigo, botas y bufanda, al salir corriendo detrás de un amigo y resbalarse en el bordillo.

Maldije aquella reunión y maldije aquella votación.

Afortunadamente, Carlos, a sus seis años, ya sabía nadar. Antes de que me lanzara a la piscina a por él (también con abrigo, botas y bufanda), él salía a flote y nadaba hasta la orilla entre sollozos de miedo, frío y angustia.

Mientras le consolaba, mientras le quitaba la ropa empapada y le abrazaba fuerte en un intento de que entrara en calor, en calor de madre y en calor de vida, mi mente viajaba por tres historias de tres familias que había conocido en el hospital.

La primera fue en el mar. Sí, en el mar Mediterráneo, ese que dicen que es tan tranquilo y que no tiene olas y que en nada se parece al traicionero mar Cantábrico. Allí mismo, en la orilla. Dos años. No pudo celebrar ningún cumpleaños más.

La segunda fue en una bañera; sí, en una bañera. Padre en el trabajo, madre con tres hijos. Hora del baño. Decide bañar a los tres a la vez. No es la primera vez que lo hace, ahorra tiempo y agua. Momento de salir: primero uno, luego otro y por último el tercero, de diecisiete meses. Cuando están los tres fuera con sus pequeños albornoces, suena el teléfono fijo. La madre sale del cuarto de baño en dirección a la habitación, que se encontraba a unos escasos cinco metros y dice:

—Ahora no puedo hablar, luego te llamo.

Al volver, el hijo pequeño se había asomado a la bañera aún con agua, a coger uno de los juguetes. Nadie se acordó de quitar el tapón... No logró salvarse ninguno: ni el juguete ni el niño. Dramático. Devastador.

En un palmo de agua y en un segundo.

Y la tercera fue un niño como Carlos, en la piscina de una urbanización como la de Carlos. Final feliz, como Carlos. Salvó la vida. Y la salvó no su madre, ni su padre, ni siquiera él, que aún no había aprendido a nadar, la salvó un vecino que nadaba en la piscina en esos momentos y que alcanzó a sacar al niño cuando ya estaba sumergido en el fondo con la inmensa suerte de que además tenía conocimientos en reanimación cardiopulmonar. Lo sacó adelante. Creo que esos padres no tendrán vidas para agradecer lo que hizo por ellos. Tras un par de días ingresado porque sus pulmones no terminaban de oxigenar adecuadamente, regresó a casa, sano y salvo, a su bonita urbanización sin la antiestética valla.

Una vez seco, desnudo y envuelto en mantas, Carlos dejó de tiritar de frío y yo, empapada en sudor y en recuerdos, empecé a tiritar de miedo pensando en lo que todos aquellos padres me habían dicho:

—Pero si solo fue un segundo.

6

YO DE MAYOR QUIERO SER...

Permítele SER.
Él no ha nacido para ser tu viva imagen.
No es ni será un *minitú*.
Él ha nacido para ser un *miniyó* que se convertirá
en un *granyó* en el futuro.
Respeta su manera de sentir y de vivir,
y déjale fluir.

—Buenos días, Lucía. Aprovechando que estamos en verano, he cogido cita con los cuatro para que les hagas una revisión, que hace siglos que no venimos —me dice sonriente una valiente madre que tras su tercer hijo tuvo claro que quería repetir el modelo familiar de su casa y formar una gran familia numerosa.

—¡Qué alegría volver a veros! ¡Y qué mayores estáis todos! Menos tú, claro —le dije a la madre guiñándole un ojo—. Tú estás estupenda, como siempre.

Uno a uno fuimos revisando cada una de sus peculiaridades y actualizando sus datos en la historia clínica. Tras explorar detenidamente a todos ellos y comprobar el buen estado de salud de los cuatro, la conversación terminó con el ya conocido...

—Y tú, ¿qué quieres ser de mayor?

—Yo quiero ser futbolista —contestó Roberto, el mayor de los hermanos. A sus catorce años ya era toda una promesa en su categoría. Su condición física y su pasión por ese deporte le daban muchas opciones para seguir disfrutando del balón y, ¿quién sabe?, quizá algún día jugar con los grandes.

—¡Qué bien, Roberto! Pero, cuando ganes tu primera liga, prométeme que te acordarás de tu pediatra y me dedicarás la copa, ¿eh? —le dije entre bromas.

Roberto se sonrojó y levantó una ceja que le delató: «Sí, en eso estaba yo pensando», alcancé a leer en ese inocente gesto.

—Y tú, Ana, ¿qué quieres ser?

—Yo quiero ser veterinaria, me encantan los animales —dijo la niña con una ternura especial que conectó con mi infancia.

Creo que casi todos los niños en algún momento han querido ser veterinarios para trabajar con perros y gatos. La primera vez que vi parir a una vaca en una aldea asturiana y escuchar sus mugidos de dolor, oler la sangre fresca, observar pasmada cómo el veterinario sacaba de su maletín un guante de un metro de longitud que cubría mano, antebrazo y brazo, y cómo lo metía dentro de aquella vaca parturienta hasta que el hombro le impedía avanzar más, se me quitaron las ganas para siempre. Me reservé este impactante recuerdo y mantuve intacta la romántica idea de Anita de curar a los perritos y gatitos del barrio.

—Y tú, Juan, ¿qué te gustaría ser? —le pregunté intrigada al tercero de los hermanos.

—Pues no sé... Mamá, ¿yo qué quiero ser? —le preguntó a su madre cogiéndole de la mano.

—Pues, hijo, lo que tú quieras: profesor como papá, ¿qué te parece?

—Sí, profesor como papá —afirmó convencido.

«¡Ay!», pensé. Qué fácil es influir inconscientemente en los pensamientos y deseos de nuestros hijos. Juan nunca tuvo la iniciativa de su hermano mayor, ni su fortaleza física, ni había sido delegado de curso como él. Tampoco desprendía la ternura de su hermana Ana, ni sonreía a todas horas. Él, antes de hablar, miraba a su madre o a su padre buscando su aprobación; parecía hacer y decir lo que ellos esperaban que hiciese o dijese. Su timidez e indecisión, junto a la energía excesivamente controladora de su madre, hacían que ella fuera marcando la hoja de ruta del niño y él se dejaba llevar. Su madre no se daba cuenta, de hecho, pensaba que le estaba ayudando.

Los que tenemos más de un hijo sabemos que, a pesar de educarlos en los mismos valores y vivir las mismas circunstancias, cada uno se comporta de forma diferente. Y en ocasiones me encuentro con padres que me dicen:

—¿Cómo puede ser que criándolos de la misma manera sean tan diferentes?

—Pues tú lo has dicho. Porque son diferentes. Son personas independientes. Y las estrategias que te funcionan con uno, con el hermano no te funcionan. Y quizá con uno has de ser más estricto que con otro, o permitirle más licencias que al hermano. Pero es así. Ni son iguales ni debemos educarlos igual. Cada uno de ellos tiene unas necesidades diferentes que debemos atender. Cada uno de ellos le da importancia a unas cosas que no debemos ignorar. Cada uno tendrá unas fortalezas que tenemos que potenciar y unas debilidades que debemos trabajar; pero quizá no sean las mismas.

Mi hija Covi siempre ha tenido ansia de libertad, de explorar, de investigar, de empezar a conocer el mundo desde muy pequeña. Cada situación nueva para ella supone un reto, un estímulo, un chute de energía que la mantiene viva y feliz. Y en esa libertad la he intentado criar y en ello estoy aún. ¿Por qué? Porque lo necesita. Gateadora precoz en su afán explorador. Sus ansias de libertad me las pedía a gritos con sus exageradas y explosivas rabietas, con su intolerancia a permanecer mucho tiempo en espacios cerrados, con su claro y conciso «ya no esto, ahora *quero* esto» a sus dos años, mientras señalaba con su diminuto dedo lo que deseaba a cada momento. Sé positivamente que viajará más que su hermano, que explorará mundo y que no habrá reto que se le resista, irá a por él, lo peleará y dirá, como me dijo hace unos meses cuando era incapaz de hacer correctamente una tarea que le había encargado su profesora:

—No lo dejamos para más tarde, no. YO NO ME RINDO, mamá. —Y me lo espetó a sus siete años, mirándome fijamente a los ojos, levantando la barbilla y secándose las lágrimas de impotencia.

Y lo consiguió, por supuesto que lo consiguió.

Para mí hubiese sido más cómodo y fácil mantenerla en mi zona de confort, más segura y tranquila, sin tanto estímulo externo, sin tantas actividades de niñas mayores que ella, pero comprendí que esa era mi zona de bienestar y no la suya.

Su hermano, por el contrario, es un explorador de emociones internas. El mundo exterior tardó mucho en descubrirlo; nunca gateó, su lugar favorito era mi pecho, pegado a mí, mamando cada dos horas hasta bien mayor. No le interesaba demasiado lo que había ahí fuera, sigue sin interesarle mucho; sin embargo, empezó a desarrollar una increíble capacidad para analizar y reconocer emociones siendo muy pequeño. Capacidad que me pilló totalmente desprevenida, pero que supuso un vivir con las emociones a flor de piel con cada uno de sus razonamientos que aún hoy me conmueven. Con tres años, una mañana vino caminando a mi cama y tras la guerra de cosquillas correspondiente y de jugar a la tienda de campaña con su padre, bajo las sábanas, me preguntó:

—Mamá, ¿por qué soy feliz?

Y lo dijo sin pensar, en un arranque de emoción tras haber compartido risas y juegos juntos.

—No lo sé, cariño, dímelo tú —le dije emocionada.

Se me quedó mirando, me acarició la mejilla, me besó y se acurrucó en mi regazo. No dijo nada más. No hizo falta. Y así nos quedamos varios minutos hasta que se durmió exhausto de tanto sentir.

Ahora, con sus nueve años, sus preguntas y reflexiones han evolucionado mucho. Sus necesidades, en su caso, emocionales, son muy diferentes a las de su hermana. Sus preguntas son más complejas y no, no puedo tratarle igual que a Covi. Sería injusto para ambos. Incluso los límites que les marco a uno y a otra, en ocasiones, tampoco son los mismos.

—Mamá, tengo mis principios —me dijo la semana pasada cuando le pregunté por qué no había hecho lo mismo que sus compañeros.

Y así es. Él tiene sus principios y yo los respeto profundamente, aportándole luz y experiencia para que estos sean sólidos. Y, cuando su comportamiento difiere mucho del que yo tenía a su edad, me repito una y otra vez:

Permítele SER.
Él no ha nacido para ser tu viva imagen.
No es, ni será un minitú.
Él ha nacido para ser un miniyó que se convertirá en un granyó en el futuro.
Respeta su manera de sentir y de vivir y déjale fluir.

Y esto que quizá os parezca obvio nos cuesta mucho aceptarlo y asumirlo. Veo a padres que hacen de sus hijos copias exactas, metiéndoles con calzador sus mismos gustos y preferencias cuando en ocasiones es evidente que no son compartidos.

Veo a madres que proyectan sus sueños no logrados en sus hijas:

—Quiero que sea la pianista que yo no pude ser.

Y apuntan a la hija a clases de música que ella termina por aborrecer, pero por miedo o por pena o por temor a defraudar a su madre no dicen nada y callan.

Para terminar con la familia numerosa con la que empecé este capítulo, os contaré que lo mejor vino cuando le pregunté a Jaime, de nueve años, el menor de los cuatro hermanos, qué quería ser de mayor.

Él sí sonrió, no sin antes mirar a su madre. Él sí miró al frente, sacó pecho y me dijo:

—Yo quiero bailar.
—¿Quieres bailar? —le dije asombrada y también emocionada por el brillo de sus ojos al reconocerlo—. ¿Has visto la película *Billy Elliot*?
—Pues claro —me contesta con tono condescendiente—, es mi película favorita.

Antes de que pudiéramos seguir, su madre, en un intento de justificar esa conversación que a mí me resultaba maravillosa, añadió:

—Sí, finalmente le hemos apuntado a clases de danza. Intentamos el fútbol, el baloncesto, el judo y hasta el ajedrez, pero no hubo manera. Él siempre ha querido bailar y este curso empezará.

—Pues me parece estupendo. Serás un gran bailarín y me encantará verte en los teatros más importantes de España.

Su sonrisa lo decía todo. En unos segundos ambos volamos mentalmente y nos transportamos al Teatro Real de Madrid, donde Jaime interpretaba magistralmente *El lago de los cisnes* y yo aplaudía embargada por la emoción.

Al volver a casa, me encontré con una amiga. Nos fuimos a tomar un café antes de que salieran los niños del colegio. Entre unas cosas y otras terminamos hablando de mi pequeño paciente y su deseo de convertirse en un gran bailarín. Tras escuchar la historia ella dijo:

—Pues la verdad es que no entiendo cómo los padres no atendían a los deseos de su hijo y no le apuntaron a ballet desde el principio. ¡Qué manía con lo de actividades para niños y para niñas! ¿Qué necesidad había de que hiciera fútbol, baloncesto y demás actividades en las que él probablemente lo pasaría mal?

Y de nuevo pensé: «Qué fácil resulta opinar, buscar culpables, en definitiva, juzgar?». Y le dije:

—Estas situaciones nunca son fáciles ni para los niños ni para los padres. Aunque *a priori* pienses que no tiene nada de especial que un niño quiera hacer *ballet* o una niña jugar al fútbol, la realidad es que aún queda mucho trabajo por hacer. Al principio, los niños se sienten diferentes al tener unos gustos que se alejan de lo convencional; los padres también.

Los niños intentan jugar a lo que los demás juegan, es como si se dieran esa oportunidad de sentirse reconocidos dentro de su grupo. A los padres les ocurre algo similar y por este motivo los apuntan a las actividades socialmente más aceptadas por el entorno. Tras un proceso más o menos largo, de pronto lo tienen claro, más claro que nadie, y te lo dicen: «¡Yo lo que quiero es... bailar!». Y la inmensa mayoría de los padres, ¿sabes qué? Que respiran aliviados porque sienten que ya no tienen que pelear más, que ya no tienen que buscar nuevas actividades, que van a apoyar a su hijo incondicionalmente. Y, aunque te parezca un pequeño e insignificante paso, no lo es, es un paso de gigantes, es un paso de valientes.

7

LA MATERNIDAD Y LA CULPA

¿Sentimiento de culpa?
No, querida. Culpa para el que roba,
para el que mata, no para el que ama.

¿Qué nos pasa a las mujeres cuando nos convertimos en madres que la culpa se instala en nuestras casas, en nuestros días y en nuestras noches, en nuestros cuerpos y en nuestros pensamientos?

¿Cuándo ocurre? ¿En qué momento? ¿Por qué? Y sobre todo ¿para qué? ¿Con qué fin?

Si de algo he sido consciente en los años que llevo de profesión y de observación es que madres que trabajan diez horas al día fuera de casa, mujeres emprendedoras, funcionarias, amas de casa, madres con un solo hijo, con familia numerosa, madres empresarias, maestras, camareras, ingenieras, madres con ayuda familiar, madres sin ayuda, solas... Madres divorciadas, solteras o felizmente casadas con hombres entregados a la paternidad... Todas ellas, todas nosotras, tenemos el mismo sentimiento, el de no llegar.

«No llego a todo. Es imposible», escucho a diario en la consulta.

«Y tú, ¿cómo haces para llegar?», me preguntan aquellas con las que más confianza tengo.

La respuesta es muy sencilla. Más de lo que creéis.

—No llego. No. Yo no llego tampoco. Soy como tú. No llego, pero ¿sabes qué? He dejado de castigarme por ello. He dejado de sentirme culpable.

Los tiempos cambian. La maternidad que vivieron nuestras madres difiere mucho de la que nosotros estamos viviendo, y eso que mi madre fue el vivo ejemplo de madre joven y trabajadora, pero, no, ella tampoco llegaba, seguro que no. Sin embargo, yo la recuerdo maravillosa. A pesar de trabajar de sol a sol, de tener que viajar en muchas ocasiones, a pesar de ver cómo mi padre se iba de casa cuando yo aún dormía plácidamente y volvía cuando me estaba poniendo el pijama, ansioso por repasar conmigo los deberes, a pesar de todo ello, yo nunca percibí que ninguno de los dos no llegaran. En los momentos importantes de mi infancia, de mi adolescencia y de mi vida, siempre han estado presentes, conmigo, a mi lado.

¿Qué nos ocurre a las mujeres que nos hemos puesto el listón tan alto? Porque ¿sabéis qué? Que hemos sido nosotras. Nosotras mismas cargamos las mochilas de responsabilidades que no nos corresponden, de pesados y destructivos sentimientos de culpabilidad que nos amargan, que oscurecen el espejo donde nuestros hijos se miran cada mañana: nuestra imagen. No lo olvides.

«Como te ves, me vi. Como me ves, te verás», me decía mi madre.

Y así es, qué sabias palabras.

Somos sus espejos.
Si a ti no te gusta lo que ves al mirarte
al espejo, no le regales esa imagen a tus hijos.
Si no es tu mejor perfil, muévete.

Dime, ¿hay algo en tu vida que no te gusta? Pues cámbialo. ¡Haz algo! ¡Que no somos estatuas! La vida está en continuo movimiento, nosotros también, nuestro corazón, nuestros músculos, nuestra sangre. Todo se mueve.

Sé autocrítica, por supuesto que hay que serlo. Por supuesto que de vez en cuando debemos parar, tomar aire y mirar hacia dentro, que es lo que de verdad cuesta trabajo. Explorar nuestras profundidades, ahí donde nadie llega. Porque mirar a nuestro alrededor es muy sencillo, no requiere de ningún esfuerzo. Es hasta divertido. Pero, cuando se trata de coger aliento y bucear en nuestras tinieblas..., eso impone.

- *¿Qué necesito para estar mejor?*
- *¿Cuál es la manera de conseguirlo?*
- *¿Estoy en el camino?*

Si la respuesta es negativa, ¡muévete! ¡Cambia! ¡Avanza! Y, si tienes que modificar el rumbo, hazlo.

Porque se nos va la vida en lamentaciones, porque atacamos a nuestro ser, a nuestra esencia, con frases del estilo de «soy mala madre», «¿cómo se me habrá podido olvidar esto? Es imperdonable».

No eres mala madre. Nada en esta vida es imperdonable cuando se hace desde el amor hacia tus hijos.

Juzga y critica tus actos, tus acciones, no tu ser.

Si a tu hijo no le dices: «Eres un auténtico desastre» al ver su habitación, sino: «Esta habitación está desordenada», en un intento de no juzgar a su persona, sino su comportamiento en ese momento en concreto, ¿por qué lo haces contigo misma?

En lugar de fustigarte por haberte olvidado de la reunión del colegio y decir que es imperdonable, sé más objetiva: «Cierto, me he olvidado. Últimamente estoy bastante estresada. ¿Qué puedo hacer para recuperar algo de mi calma? ¿Qué puedo hacer para que esto no vuelva a suceder?».

Esto es autocrítica. Lo demás es autocastigo. Huye de él. Es destructivo.

Cuando publiqué mi primer libro, *Lo mejor de nuestras vidas,* mi día a día dio un giro inesperado y rápido. Tan rápido que no me dio tiempo a asimilarlo del todo. Tanto éxito, tantas firmas de libros, tantas conferencias y presentaciones y, durante unos meses, tantos viajes.

Mi agenda parecía la de un ministro. No sabía decir que no a nada. Me apuntaba a un bombardeo.

—Pero, cariño, ¿no es demasiado para un solo mes? —me decía Javi, mi chico, cuando veía mi agenda.

—Es que me sabía mal decirles que no...

«Es que me sabe mal...», os suena esta frase, ¿verdad? No sabemos decir que no. No solamente tenemos un problema al poner límites con nuestros hijos, también nos cuesta ponernos límites a nosotros mismos y a los que nos rodean.

Viajaba a Madrid o a Barcelona en el día en un intento de dormir en casa para arropar a mis hijos y mi conciencia. Luego comprendí que no pasaba nada porque una noche descansara en un hotel tras una larguísima jornada de conferencias, firmas y comidas, también me merecía ese descanso, ¿no?

En un momento de debilidad en el que no estaba siendo autocrítica, sino que me estaba castigando, me estaba torturando y el sentimiento de culpa me iba devorando por tener la sensación de que les estaba robando tiempo de juegos y besos a mis hijos, frené en seco y me dije:

«¡Lucía, para! ¡Basta ya! Eres una madre maravillosa.»

Solo con esta frase, solo con estas palabras me tranquilicé. Respiré profundo y continué hablando conmigo misma, desde dentro.

«¿No era esto lo que querías? Estás cumpliendo tu sueño. ¿Comprendes? Porque eres una madre fantástica, no cabe duda, pero también eres otras muchas cosas, aparte de madre. Es tu momento. Es tu sueño. Persíguelo y disfrútalo mientras permanezca vivo en ti.»

Y aprendí. Aprendí a no juzgarme. A no ser tan dura conmigo misma. Aprendí de mis errores, descubrí cómo potenciar mis fortalezas y cómo trabajar y mejorar mis debilidades.

Exactamente lo mismo que le digo yo a las madres cuando hablamos de sus hijos:

—Respeta a tu hijo en su esencia. Acéptale como es. Potencia sus fortalezas y trabajemos sus puntos débiles.

Y cuando llegué a casa y le conté a mi chico la crisis que había tenido en el coche de vuelta del trabajo y la conversación que había mantenido con mi *yo* más crítico me dijo:

—Lucía, tu fortaleza más grande es tu pasión. La pasión que le pones a todo lo que te gusta. Esto es lo que me enamoró de ti. Mantenla viva, cariño, no la dejes ir. Mantenla viva siempre.

Y comprendí que tenía razón. Que esa era mi fortaleza y que, en esos momentos, mi debilidad era la gestión del tiempo y la culpa. Así que empecé a buscar soluciones, peleé y luché por volver a encontrar el lugar donde quería estar, en definitiva, me moví.

¿Volveré a sentirme culpable en algún momento?

Pues claro que sí. Porque soy perfeccionista por naturaleza, porque nos han vendido una imagen de mujer perfecta que no solo no es real, sino que es dañina. Porque soy una mujer de carne y hueso, y como tal me equivoco. Porque errar es de humanos. Y ahí está la maravilla de nuestra especie, el equivocarnos, el caernos y levantarnos, el aprender de nuestros errores desde la autocrítica y la humildad, y no desde el castigo.

Y de cada momento de crisis que vuelva a tener extraeré una enseñanza que es la misma enseñanza que quiero mostrar a mis hijos y de la que recientemente tuve la oportunidad de hablarles como ahora os estoy hablando a vosotros. Les dije:

—Niños, mamá no es perfecta. Mamá comete errores como los cometéis vosotros y de ellos aprende, como aprendéis vosotros. Mamá se ha caído muchas veces, ¿sabéis?

—¿Sí, mami? ¿Y te has hecho daño? —me preguntó mi hija pequeña sin llegar a alcanzar el significado real de mis caídas.

Antes de que pudiera explicarle la metáfora, mi hijo se adelantó y dijo:

—Covi, se refiere a que se ha caído no al suelo, sino *del guindo* —contestó muy serio.

Mi hija frunció el ceño. Yo sonreía y observaba la escena intentando conservar todos y cada uno de los detalles de esta inspiradora conversación. Covi ni sabía lo que era un guindo, ni entendía ya nada de lo que estábamos hablando.

Entonces Carlos añadió:

—Pues que se llevó decepciones o disgustos..., a eso se refiere con las caídas.

—Efectivamente, cariño, eso es. No quiero que creáis que mamá es un ser perfecto y que busquéis esa perfección en vuestras vidas. Porque eso no existe. Nadie es perfecto. Cuando salgáis ahí fuera descubriréis las maravillas de la vida, pero también os encontraréis con piedras, con baches y dificultades, y os caeréis, no me cabe ninguna duda. Yo no puedo evitar vuestras caídas. Lo que sí me empeñaré es en enseñaros que hay que levantarse cada vez.

Y en esto consiste la vida.

Así que, la próxima vez que la culpa sobrevuele tu cabeza, que intente amargarte la vida y oscurecer el espejo donde cada mañana se miran tus hijos, repítete:

«Aun con toda mi montaña de defectos, soy una madre maravillosa».

Bésate, abrázate y acaríciate mentalmente porque esto es lo que necesita este mundo. Gente que se quiera, gente que rebose amor y empatía para así derrocharla y derramarla por los cuatro costados. Porque no olvides que la última palabra sobre ti misma la tienes tú.

Tu último y más profundo pensamiento sobre tu esencia, sobre tu vida, sobre tu maternidad y sobre ti es tuyo. ¡Y es sagrado!

Y, si en algún momento te surgen las dudas, lo tienes muy fácil, tienes la respuesta delante de tus narices.

Coge a tus hijos y pregúntales:

—¿Quién es la mejor mamá del mundo?

8

HOMBRES Y MUJERES SENTIMOS DIFERENTE
Hablemos claro

Distintas emociones, distintas velocidades.
Respeta lo que tu pareja siente y cómo lo siente
y pídele que él haga lo mismo.
No te exijas tanto, no exijas tanto.
Déjate fluir y deja fluir.
Busca puntos de encuentro y no de desencuentro.
Aprende a delegar y...
disfruta del viaje.

Sentimos diferente porque somos diferentes. No en cuanto a derechos y obligaciones, es evidente que no. No hablo de hacer o no hacer. Hablo de sentir.

La llegada de un hijo nos cambia la vida, a todos. Y las mujeres somos conscientes de ello desde el mismo momento en el que el Predictor nos da positivo. Y no solo nos cambia la vida, sino que nos cambia el cuerpo, nunca volveremos a tener el cuerpo que teníamos antes. Es la naturaleza humana.

Para los hombres también es un *shock* coger por primera vez en brazos a un bebé que, de pronto, pasa a ser su responsabilidad ya para siempre y sin marcha atrás. En ocasiones me entretengo observando a los padres, cómo colocan sus brazos para recibir por vez primera a su hijo recién nacido. Me quedo con cada uno de sus gestos, con sus manos temblorosas, sus frentes perladas en sudor, su «un momento, ¿así está bien?».

Me enternece verlos tragar saliva antes de pronunciar las primeras palabras a su hijo. Lo hacen tan suave, tan dulce y tan tierno que en lugar de tanta foto yo grabaría estos efímeros instantes de sus vidas que ya no volverán.

Las mujeres, sin embargo, cogen a sus criaturas sin pedir permiso, con decisión, con un ímpetu que no deja de sorprenderme; como si hubiesen pasado años cuidando bebés, reclamando con ansia lo que les pertenece por pleno derecho, por plena vida. Es maravilloso.

Sin ninguna duda vamos a velocidades diferentes.

Las mujeres empezamos este viaje de lleno, con todo el equipaje listo, preparadas, concienciadas, emocionadas y excitadas por arrancar. Temerosas a veces, pero decididas a emprender el viaje más fascinante de nuestras vidas. Y empezamos este camino el día en el que acudimos por primera vez al ginecólogo y escuchamos el latido de un nuevo ser dentro de nosotras. En ese momento pisamos el acelerador y ya no nos detendremos.

Cuando nace nuestro hijo tras nueve largos meses de llevarlo en el pensamiento a cada instante, es como si hubiésemos vivido con él toda la vida. «¿Y qué hacía yo antes de ser madre?», te preguntas en el primer *cumplemés* de tu hijo.

Sin embargo, los hombres empiezan mucho más despacio, van cogiendo velocidad con el paso de los meses, van experimentando las maravillas de la paternidad en su propia piel poco a poco. Y esto también es la naturaleza humana, incluso animal.

Las hembras de los mamíferos están programadas genéticamente para cuidar de sus crías como su única prioridad. Durante un tiempo no hay nada más importante que mantenerlas a salvo y alimentarlas. Y este sentimiento, esta necesidad de las osas o de las leonas, también lo tenemos las mujeres.

«Es que no puedo entender cómo se te ha ocurrido eso. Lo que pienso es que no quieres a nuestro hijo como yo le quiero», escucho de vez en cuando en la consulta tras una discusión acalorada que no tenía por qué haber presenciado.

Error. Nos equivocamos las mujeres si pensamos que nosotras queremos más a nuestros hijos que los padres.

«Si quisiera al niño como yo le quiero, no habría hecho eso», me confesó una madre hace no mucho.

Una vez más, error.

Padres y madres queremos muchísimo a nuestros hijos. De hecho, **los queremos todo lo que se puede querer a alguien. Lo máximo. En nuestra escala del querer, nuestros hijos llegan al tope, a lo más alto.**

¿Qué ocurre entonces? Que hombres y mujeres manejamos escalas diferentes.

Si a un padre le preguntas si sería capaz de dar la vida por su hijo, no te dejaría terminar la pregunta. La respuesta afirmativa llenaría toda la sala.

«Sí, sin duda. Ahora mismo. Sin despedidas. ¡Ya!», te diría.

En su escala de diez sobre diez, sin lugar a dudas es un diez. Exactamente igual que la mujer: diez sobre diez. Pero nuestros sistemas métricos son distintos. Y debemos aceptarlo.

Del mismo modo que no eres capaz de preguntarle a tu hijo: «¿A quién quieres más, a papá o a mamá?», no hagas la afirmación equivocada: «Yo quiero más a mis hijos que su padre», porque no es así.

Evidentemente hay de todo en este mundo y hay padres cuyo sentimiento de paternidad ni lo han conocido ni lo van a conocer, y mujeres a las que les ocurre algo similar, pero no hablamos de excepciones, sino de lo habitual en familias que pasan a diario por mi consulta, algunas de las cuales se enzarzan en discusiones absurdas que están mal concebidas desde su origen.

Veo a mujeres darse cabezazos contra la pared cargando contra sus maridos porque no son capaces a renunciar a determinadas cosas de su vida a las que nosotras hemos renunciado sin que nadie nos lo pidiera. Y se escudan en el equivocado: «No le quiere como yo». Y no llegan a comprender que, una vez se hayan repartido todas las tareas por igual, una vez hayamos cumplido con todas las obligaciones por igual, podemos invertir el escaso y pequeño tiempo que nos queda en lo que nos llene. Quizá él necesite una hora de deporte y sin embargo tú prefieres quedarte en casa con tu hijo plácidamente viendo juntos una peli o simplemente verle jugar entre tus piernas. ¿Qué hay de malo? Confieso que en mi primer año de maternidad yo no deseaba otra cosa que invertir mi tiempo libre en familia, juntos. Con los años empecé a necesitar otras cosas y sí, yo también sentía la necesidad de mi hora de deporte al día o de mis momentos de intimidad en exclusiva.

Reconozcamos que a las mujeres durante ese primer año nos cuesta enormemente separarnos de nuestros hijos, también esto forma parte de la naturaleza animal (cuidar de nuestras crías), pero no te enfades ni culpabilices a tu marido si él necesita emplear ese breve espacio de tiempo de descanso en otras cosas que no sea su hijo. No por ello le quiere menos, en absoluto.

Eso sí, **partiendo siempre de la base de que las tareas y obligaciones familiares y del hogar han de ser repartidas entre ambas partes; de lo contrario, rompemos la baraja, yo la primera.**

Actualmente, hombres y mujeres trabajamos a pleno rendimiento, nuestras obligaciones y exigencias laborales son, en muchas ocasiones, equiparables, así que, si ambos hemos decidido tener hijos y ambos hemos optado por no renunciar a nuestra vida profesional, ambos debemos asumir la responsabilidad de cuidar de los hijos, de la casa y de la familia, por igual y sin excepciones.

Con el paso de los años, una descubre que también necesita un paréntesis en la crianza, con el tiempo empiezas a desear salir de nuevo a comer con tus amigas, incluso programar una cena y unas copas después. De pronto reivindicas tu derecho a desconectar como madre y hacer cosas que nada tienen que ver con la crianza de tus hijos, y no por ello los querrás menos, todo lo contrario, los querrás más y más. ¿Qué ocurre entonces? Que efectivamente nosotras también tendremos esa necesidad, pero nace más adelante.

Hombres y mujeres llevamos ritmos diferentes, velocidades diferentes y, por supuesto, sentimos diferente.

El inicio de todas estas conversaciones que presencio en mi consulta deberían empezar con un...

«Yo siento diferente que tú. Primero porque soy mujer y tú eres hombre y eso ya nos diferencia. No soy mejor ni peor, soy y siento diferente. Lo que para mí es importante, quizá para ti no lo sea, y a la inversa. Soy mujer y eso me hace ser más emocional y sentimental, quizá no sea tan práctica y clara como tú, pero este es mi sentir y es tan válido como el tuyo, el cual respeto.»

Cuando las madres vienen solas, tras varias visitas hablando de lo dura que es la maternidad, de lo solas que se sienten en ocasiones, de la cantidad de dificultades que se han encontrado y de las que nadie les había hablado, muchas de ellas terminan expresando el deseo de cambiar a sus parejas.

«Quiero que cambie, necesito que cambie», me dicen.

Y yo no es que no crea en los cambios, por supuesto que creo, pero **no creo en los cambios impuestos, ni en los cambios bajo amenazas, ni en los cambios que suponen una traición a tu propia esencia.** Y nuestra esencia como mujeres es diferente de la de los hombres, nuestras velocidades también lo son...

Hace tan solo una semana lo volví a vivir. Una madre, fruto de la desesperación y al borde del divorcio, le reprochaba en mi presencia a su marido un sinfín de cosas. Aquel hombre con el bebé en brazos mantuvo el tipo todo lo que pudo; sin duda, aquella explosión de su mujer le había pillado por sorpresa. A mí también. Intenté desviar la conversación para calmar los ánimos, pero ella, al ver que él no reaccionaba, atacó su manera de ser, atacó a su *yo* más íntimo y personal. Pude coger aire antes de que el *tsunami* nos alcanzara...

—¡Ya está bien! —gritó el padre—. ¡No intentes cambiarme! ¡Soy como soy! ¡No intentes cambiar mi manera de relacionarme con mi hijo! ¡Es tan válida como la tuya!

Y, tras el *tsunami,* el silencio invadió la habitación. Hasta el bebé se quedó inmóvil, con su manita pegada a la barba de su padre, con la que hasta hace unos segundos jugaba alegremente. Solo movía sus ojos, miraba a papá, miraba a mamá, volvía a mirar a papá. Finalmente acurrucó su cabeza en el pecho del padre en busca de un lugar seguro. Su diminuta mano derecha trepaba de nuevo hacia la barba de papá y su mano izquierda de pronto se alzó llamando a su mamá.

Su madre captó el llamamiento, el mensaje. Se acercó, le besó la manita y le dijo entre lágrimas:

—Ya está, cariño, ya está. Mamá está aquí.

La escena me enterneció.

Desde mi posición, emociones aparte, lo vi claro: velocidades diferentes, prioridades distintas. Ella, absorbida por una maternidad llena de sombras, de miedos, de preocupaciones, de futuribles... Él, viviendo el momento con tranquilidad y sin prisa, ajeno a las necesidades de su mujer, reconociéndose por fin como padre del bebé que tenía en brazos y que había pasado los primeros seis meses de su vida mamando sin descanso, pero que ahora, al fin, jugaba con su barba.

Y cuando volvía a casa pensando en esta familia y en lo que les había intentado explicar, no sé si con éxito, pensé en mi propia maternidad, en la llegada de mi primer hijo a casa hace ya más de nueve años, y deseé que alguien nos hubiese explicado esto mismo:

Distintas emociones, distintas velocidades.
Respeta lo que tu pareja siente y cómo lo siente,
y pídele que haga lo mismo.
No te exijas tanto, no exijas tanto.

Déjate fluir y deja fluir.
Busca puntos de encuentro
y no de desencuentro.
Aprende a delegar y...
disfruta del viaje.

9

ÁLVARO, EL NIÑO CON LA SONRISA MÁS BONITA DEL MUNDO

Y el mundo se paró. En ese mismo instante
en el que yo veía a la gente ir y venir, con sus bolsas
de la compra, sus prisas, sus bebés en brazos o sus hijos
bajando del autobús escolar, mi mundo,
nuestro mundo, se paró.

—Cariño, no puedo esperar a verle la carita a nuestro bebé.

Silvia se acariciaba la barriga con una mano mientras agarraba con fuerza la de Diego, su marido. Los dos sentados en el sofá de aquella pequeña casa, en pleno mes de enero, mantenían la misma conversación que hemos mantenido todos ante el nacimiento inminente de nuestro primer hijo.

—¿Te imaginas cómo puede ser? ¿Será rubio, moreno? ¿Se parecerá a ti? —preguntaba la joven madre.

—Con que se parezca a ti ya será el niño más guapo de Benidorm —le contestó Diego mientras tapaba delicadamente a Silvia con una manta que le había regalado por Navidad.

Diego, a sus veintitrés años, lo tenía claro: él quería ser padre joven y poder criar a su hijo con toda la energía y vitalidad que requería una responsabilidad tan grande. Siempre había sido un chico mucho más maduro que el resto de sus amigos, por eso, mientras sus colegas aún hacían botellón, él había decidido emprender una vida junto a Silvia y formar una familia.

—Iremos a los partidos de fútbol juntos, le sacaré el carnet de socio en cuanto nazca, haré de él un gran madridista —añadía el futuro papá orgulloso de su condición de «merengue».

—Sí, pero que estudie. Yo quiero que estudie, que no tenga grandes dificultades en la vida, que sea feliz; eso quiero, cariño, que sea feliz...

—Lo será, Silvia, mi amor, lo será. Te lo prometo.

Y con esa promesa y abrazados se quedaron dormidos en el sofá en un plácido y dulce sueño que tardarían años en recuperar; pero eso, ellos aún no lo sabían.

Álvaro nació el 2 de febrero del 2011 en un frío hospital de paredes frías y personal frío, tan frío que a Silvia aún se le congela el alma al hablar de aquel día. Nada salió como habían imaginado. Tras más de veinticuatro horas de contracciones, de respiraciones acompasadas, desacompasadas y desesperadas, de dolores y escalofríos, de náuseas y vómitos, y de ese temor rondando sus cabezas de que «algo no iba bien», al fin llegó Álvaro. «La razón de mi existir», me confesaba Silvia entre lágrimas años después.

—¡Cesárea urgente! —gritó la ginecóloga cuando comprobó a través del monitor que el corazón de Álvaro había decidido pararse antes siquiera de nacer...

—Lucía, solo recuerdo a la gente correr, volar. Solo recuerdo cómo me rasgaron el camisón y me quedé allí completamente desnuda, sin mi marido, sin mi madre, sin nadie conocido salvo el bebé que llevaba en mis entrañas, mi hijo. Me despojaron de todo y de todos, y allí me quedé. Había tanta gente y yo me sentí tan sola. Estaba aterrada, me costaba respirar, pero no dije nada. Aún escucho a la ginecóloga, cómo decía, suplicaba, imploraba: «¡Venga, venga, venga!», mientras una mascarilla se acercaba a mi nariz. Entonces escuché: «¡Vamos a por él, joder!». La última imagen que recuerdo es su mano firme sujetando un bisturí, brillante, reluciente, deslumbrante, cegador. Luz, mucha luz..., segundos después, oscuridad.

Álvaro nació sin respirar, pero su corazón, fuerte, como el de su madre, se negaba a dejar de latir. No se iba a rendir tan fácilmente, de eso nada.

Silvia, abierta en canal, abrió los ojos, ya había recuperado el conocimiento, no sentía dolor, pero era consciente de todo lo que allí estaba ocurriendo. Tumbada en aquella camilla de aquel frío hospital, temblaba. Nadie le decía nada, nadie la miraba a la cara.

Tantos mimos, tantos besos y cuidados durante su embarazo, tanto amor y justo ese día, uno de los días más importantes de su vida, era literalmente invisible, descarnada y dolorosamente invisible.

—¿Qué está pasando? ¿Alguien me puede enseñar a mi hijo? —lanzó su súplica al aire en un sollozo ahogado por el pánico.

Nadie la escuchó.

La primera vez que vio la carita de Álvaro fue veinticuatro horas después, a través de la pantalla diminuta de un móvil.

—Mira, cariño, mira qué guapo es. ¡Se parece a mí! —le dijo Diego orgulloso, ajeno al dolor de madre que tenía Silvia.

Tras unos días de hospitalización, al fin se fueron a casa. Los tres juntos.

—Bueno, amor, ya está. Ya hemos pasado lo peor. Todo se ha quedado en un susto —le decía Diego a su mujer al entrar en el coche en el mismo *parking* de aquel frío hospital al que pensaban que nunca volverían.

Nada más lejos de la realidad.

Conocí a Silvia cuando Álvaro ya tenía dos meses de vida y dos ingresos hospitalarios por bronquiolitis. Entraba por la puerta de mi consulta acompañada de la abuela de la criatura, Justi, una mujer pequeña de tamaño pero inmensa de fortaleza y espíritu.

Cuando sostuve en brazos por primera vez a aquel niño me encontré con un bebé frágil, de piel transparente y mirada perdida. Como me suele ocurrir en estos casos en los que, sin saber muy bien qué está pasando, se encienden un par de alarmas, me mantuve en silencio escuchando atentamente los avatares de sus primeros dos meses de vida. Al explorarle estaba tan concentrada que se me olvidó hacerle pedorretas, o tocar su nariz como si fuese un timbre, como siempre hago con los más pequeños en busca de un esbozo de sonrisa o de mueca al escuchar el «ding-dong».

Esa piel tan delicada, esos ojitos tan pequeños que escondían una mirada errática, ese cuello sin vida que no hacía ni el más mínimo esfuerzo por explorar su pequeño y diminuto mundo en brazos de una madre a la que todo eso le parecía normal. Esos brazos caídos, entregados y abandonados sobre la camilla. Y esos dedos..., vi los pulgares de sus manos y el corazón me dio un vuelco.

«Yo he estudiado esto. Estos dedos, estos dedos... ¡Lo tengo! Son *dedos en pala.*»

Efectivamente, eran unos *pulgares en pala,* como si se los hubiesen aplastado, planos, muy planos, demasiado planos; eran unos pulgares que junto a todo lo demás anunciaban un síndrome, el síndrome de Rubinstein Taybi. Disimuladamente, le miré las manos a su madre, a su abuela, todo ello en un intento de encontrar un bote salvavidas al que aferrarme antes de pensar en lo peor.

«Quizá sea un simple e inofensivo rasgo en la familia», pensé.

Pero no, ni la madre, con una manicura perfecta, ni la abuela tenían aquellos pulgares.

Hablamos largo y tendido en la consulta sin pronunciar en ninguna ocasión la palabra *síndrome,* ni *problema,* ni siquiera *enfermedad;* no era el momento.

«Poco a poco, no nos precipitemos, Lucía. Vamos a darle unas semanas a ver cómo va», me repetía mientras terminaba de escribir el informe.

—Lucía, cuando salimos de aquella consulta lo supe. Supe que eso no era más que el principio. Escuché en mi interior cómo cerraste la maleta del viaje que estábamos a punto de emprender —me confesaba Silvia años después.

No me dio tiempo a citarles en dos semanas. A los tres días, sonaba mi teléfono de la consulta:

—Lucía, sube a planta. Tienes a un niño ingresado, es paciente tuyo.

La enfermera no me dijo su nombre, pero yo sabía que era Álvaro. Subí rápidamente. Esa noche había ingresado con una neumonía grave, tan grave que, al entrar en su habitación y a golpe de vista, lo supe: las puertas del tren se cerraban y emprendíamos el viaje sin saber aún hacia dónde nos llevaría.

Tras explorar al pequeño, al diminuto, pálido y sudoroso Álvaro y comprobar su delicado estado de salud con unos pulmones que no daban más de sí, les dije de la forma más dulce que pude: «Álvaro está muy malito. Recoged las cosas. Os voy a trasladar a la UCI».

—Y el mundo se paró. En ese mismo instante en el que yo veía a la gente ir y venir, con sus bolsas de la compra, sus prisas, sus bebés en brazos o sus hijos bajando del autobús escolar, mi mundo, nuestro mundo, se paró —me confesó Silvia años después, cuando fue capaz de hablar de ello sin romper en llanto.

Ese mes ingresado en la UCI fue la primera parada de un largo viaje que nunca imaginaron hacer. Ingresos hospitalarios, pruebas de todo tipo, informaciones y desinformaciones, noches en vela, y dolor, mucho dolor. Viajes en busca de respuestas, de ciencia y de dañinas pseudociencias; un viaje en busca de otros niños como él, de otras familias; un viaje en el que dejaron de buscar respuestas para buscar consuelo. Y lo encontraron. Exactamente en los cincuenta y tres niños de toda España. Pequeños y grandes Álvaros con los que Silvia y Diego se sentían como en casa. Esto es lo que tienen las asociaciones de familias afectadas por síndromes o enfermedades raras, que ofrecen el consuelo que, en muchas ocasiones, los médicos y demás personal sanitario no somos capaces de dar.

¿Alguna mujer embarazada o algún futuro papá se ha llegado a preguntar: «¿Hablará mi hijo, caminará mi hijo, verá mi hijo?». ¿Verdad que no? Son preguntas envenenadas, son preguntas impronunciables. Sin embargo, para Silvia y Diego estas preguntas ocupaban sus días y sus noches mientras observaban impasibles cómo sus amigos se preocupaban por el color definitivo de los ojos de Martita, o por la próxima marca de sillita de paseo que iban a comprarle a Pedro.

Por todo ello, cada pequeño logro de Álvaro era una fiesta: la primera vez que consiguió sentarse con casi un año de vida; la primera vez que caminó, con tres años y medio. Tres años y medio esperando verle dar sus primeros pasos. Tres años y medio. Es mucho tiempo para unos padres, ¿verdad?

¿Recuerdas cuando te dijo por primera vez «te quiero» tu hijo? Álvaro tenía cinco años, y no fue exactamente un «te quiero, mamá», fue un «*qui, qui, quiro*» con muchísimo esfuerzo, pero para Silvia fue música celestial. Aún es incapaz de recordar ese momento sin emocionarse. Cinco años tenía entonces, como tenía también el primer verano en que tocó el tambor y que dejó de tocarlo para lanzarse a una piscina olvidándose de que no sabía nadar.

«Pero si solo fue un segundo...»

—Aún no habla. Pero hablará —me decía Silvia no hace mucho, convencida con una esperanza que llenaba toda la sala.

—No me cabe ninguna duda —contesté, mientras veía cómo Álvaro hacía verdaderos esfuerzos por comunicarse—. Eres muy pillo, Alvarito —le dije en aquella ocasión. Le pellizqué el culo y él salió corriendo—, nos conquistas a todos con tu sonrisa y tu carita de niño bueno.

Y él me respondía con una de las sonrisas más bonitas que he visto en mi vida, sí, el niño con la sonrisa más bonita del mundo.

Al salir de la consulta quiso jugar un rato en la salita de espera, a lo que sus padres accedieron. Mi siguiente paciente se retrasaba, por lo que me quedé observando su juego delicado con los coches y su tierno acercamiento hacia el resto de niños que allí esperaban.

—¿Cuántos años tiene? —preguntó una madre curiosa.

—Cinco —contestó Silvia.

—¿Cinco? ¿Cinco? ¿Seguro? Yo pensaba que tenía tres —contestó la madre traspasando la línea de la prudencia.

—Cinco, tiene cinco años —sentenció Silvia cogiendo aire.

—¿Y no habla? —insistía la mujer carente de todo sentido común.

—No, no habla —le replicó Silvia con una fingida sonrisa.

—Vaya..., siento que tu hijo esté mal —remató aquella madre.

En ese momento, Silvia cogió a Álvaro de la mano, le dio un cariñoso beso en la mejilla, sospecho que para cargarse de energía y sentenció:

—Mire, señora, mi hijo no está mal. ¿Usted le ve mal? De hecho, está muy bien, mejor que nunca: anda, corre, ve, sonríe y juega como juega el suyo. Mi hijo no está mal, insisto, mi hijo tiene un síndrome. ¿Sabe lo que es un síndrome? Un síndrome es una condición, no es una enfermedad. Así que no sufra por nosotros, ya que, le repito, estamos muy bien. Gracias por su interés.

La mujer volvió a su silla; antes de sentarse se escuchó un casi inaudible «perdón» que, en parte, nos consoló a todos.

—Os acompaño hasta la puerta principal —le dije a Silvia con mi mano sobre su hombro en señal de apoyo.

—No quiero compasión, Lucía —intentó justificarse conmigo.

—No te preocupes, tienes toda la razón.

No debemos acompañar desde la pena; la gente no se da cuenta de lo importante que es dejar la lástima y las lamentaciones a un lado y empezar a acompañar desde el amor, desde el respeto, desde el optimismo, desde el deseo de ayudar y hacer un poquito más fácil este camino.

En ese momento, Diego, que hasta entonces había permanecido callado, observando y analizando cada palabra, habló:

—Álvaro ha venido aquí a darnos una lección de vida. ¿Sabes que soy mejor persona desde que está en nuestras vidas? En el trabajo se ríen de mí porque dicen que no me enfado nunca. Antes yo era bastante gruñón y quejica. Desde que nació él, una parte de mí murió y otra, maravillosa, nació con él. Álvaro me ha enseñado a valorar las cosas importantes de este mundo, las que de verdad importan, las buenas, las que duran, las que no se olvidan, las que se sienten aquí, en la barriga. No ha sido fácil, de hecho ha sido muy difícil, hasta que lo asumimos. Nos costó. Nos costó casi dos años aterrizar en esta realidad y aceptar a Álvaro tal cual era. Dos largos años. Fue terrible, Lucía, fue tan doloroso asumirlo. Silvia y yo lo hemos hecho de la mejor manera que hemos podido. Al principio estábamos muy unidos, éramos una sola persona. Un tiempo después empezamos a necesitar espacio, nos quedábamos sin oxígeno y sin darnos cuenta nos distanciamos, puro instinto de supervivencia, no había nada más. Ahora sentimos que de nuevo estamos juntos en esto, somos una piña. Y nos sentimos fuertes, inquebrantables e indestructibles. ¿Y sabes por qué? —me decía Diego, con su 1,90 de estatura y sus ojos llenos de lágrimas—. Tú lo sabes, cariño, díselo a Lucía, te lo prometí en su día... —se dirigió a su mujer, sellando unos labios temblorosos que estaban a punto de claudicar.

—Porque vemos que lo hemos conseguido, porque ahora sí podemos decir alto, muy muy alto, que Álvaro es feliz.

10

ERES UN PADRE MARAVILLOSO

«Hola, Lucía, soy un padre cualquiera.
Te escribo esto desde el pasado,
desde el día que fui padre, desde ese día.»

Era una fría mañana de primavera. Ese día libraba. Me encantan esas mañanas robadas al calendario en las que tengo la suerte de no trabajar. La noche anterior me acuesto relajada y tranquila, incluso algo más tarde de lo habitual; no tengo prisa ninguna. De hecho, mi chico, Javi, siempre me dice:

—¡Cómo se nota que no trabajas mañana!, ¿eh? ¿Dónde están esas prisas por ir pronto a la cama?

Y me río pícaramente mientras le lanzo un beso al aire que a él le sabe a poco reclamándome uno de verdad.

Tras llevar a los niños al colegio y recoger el desayuno, me tumbé en la cama a leer un rato antes de activarme definitivamente. Pequeños placeres que me regalo cuando mis obligaciones me lo permiten.

Abrí el correo electrónico con la intención de echar una ojeada rápida para luego retomar el libro que me había dejado sin aliento la noche anterior. Nada más abrir la bandeja de entrada me encontré con la carta de un lector. No tuve más que leer las tres primeras líneas para saber que esa mañana no abriría mi libro:

> Hola, Lucía:
>
> Soy un padre cualquiera. Te escribo esto desde el pasado, desde el día que fui padre, desde ese día.
>
> Te escribo motivado por una frase que te he leído donde hacías un llamamiento a cuidar también a la madre que recientemente ha dado a luz, a tener en cuenta no solo al bebé, sino también a la mamá. Una vez más esa frase se olvida de algo..., del padre.
>
> Soy más que consciente de que la madre es la que ha sufrido el parto, los nueve meses de cambios internos, físicos, psíquicos y hormonales.
>
> La mujer es la que se ha ido haciendo a la idea de ser madre todo este tiempo, lo ha interiorizado, ha convivido con nuestro hijo todos estos meses, mientras que yo intentaba cazar un ligero movimiento en su barriga como si de un *Pokémon GO* se tratase. Nunca se me dio bien la caza. Pero la cara de la madre con ese «uy, casi» es media vida.
>
> Ese es mi contacto con el bebé durante nueve meses, lo que me cuentan y lo que intento notar. Luego llega el día, ese día. Y ya sea corriendo porque ha roto aguas o por una cita programada con la clínica, tú terminas mirando a un niño que es tuyo. Que no sabes ni cómo coger, ese día, ESE, y no otro, tú eres padre. No los nueve meses de antes, es ese día y no otro, cuando lo sientes, cuando te inunda la alegría y te desborda el miedo, todo a la vez.
>
> Ese día y no otro.

Y ese día tú has de multiplicarte por dos, ¿qué digo por dos? ¡Multiplicarte por diez!

Tienes un bebé que llora, caga, tiene hambre, una madre dolorida y exhausta por el parto, una sala fría con enfermeras que dan por supuesto cosas, como por ejemplo que vas a saber atar una gasa a un cordón umbilical. Y una familia deseosa de noticias.

Llamadas de teléfono, atender a la madre, vigilar al niño, informarse del papeleo burocrático necesario y organizar las visitas de los familiares que empiezan a llegar. Tú, como padre, no has parido, pero miras esa camita hasta con envidia, olvidando por un momento el dolor que siente la madre, tú solo ves una cama, como Bugs Bunny cuando ve en su amigo un trozo de zanahoria por cabeza.

Llegan las visitas y todo el mundo coge al niño, lo besa, habla con la madre, y el padre va, poco a poco, echándose para atrás, un pasito más, solamente la mirada de la madre te mantiene dentro de la habitación; eres semiinvisible.

Los días siguientes van por caminos similares, tú solo deseas que la madre esté bien, pero también tienes que atender a la burocracia, el supermercado, las llamadas telefónicas y, sobre todo, al bebé. Nunca sabes lo cómodo que es un baño hasta la primera semana que eres padre, ¡qué silencioso se está ahí dentro!

No sé muy bien cómo terminar esta carta, querida Lucía, solamente quería levantar la mano en nombre de todos esos padres, semiinvisibles, a los que ese día, ESE día y no otro, nos cambia la vida y nos damos cuenta de que no nos habíamos ni preparado ni mentalizado, pero que eso está allí. Que vamos a tener que trabajar mucho para toda la familia, se nos vea o no se nos vea. Y lo mejor de todo es que sacamos pecho y sabemos a ciencia cierta que vamos a saber hacerlo, porque ese día, ESE, y no otro, ha llegado.

Pepe Delpueyo
Barcelona

Dejé el teléfono en la mesita y cogí el iPad dispuesta a volver a leerla, esta vez con las pausas que merecía, con toda mi atención e intención, con los cinco sentidos. Desde ese día la he leído ya más de diez veces y en todas ellas le he dado las gracias mentalmente a Pepe por su valentía al escribirme. Tiempo más tarde pude darle las gracias personalmente en Barcelona, sentados en un banco, bajo un árbol, a la salida de una de mis conferencias, hablando como si nos conociéramos de toda la vida.

Me quedaba una hora antes de coger un taxi que me llevaría al aeropuerto de vuelta a casa, así que decidí sentarme en un parque a la salida del Palacio de Congresos donde minutos antes había impartido una conferencia a más de ciento cincuenta personas. Me senté allí a descansar tras las emociones vividas aquella tarde y sonreía yo sola recordando las muestras de cariño de tantísima gente. Entre recuerdo y recuerdo, y con la mirada perdida en ellos, apareció Pepe:

—Hola, ¿estás sola? —preguntó entre risas.

Antes de invitarle a sentarse, él se sentó a mi lado. Minutos después vino Noe, su mujer. Y allí, los tres sentados, alejados del tumulto que se había organizado hacía un par de horas, bajo aquel árbol, compartimos una conversación inspiradora.

«Familia con magia», pensé al despedirme de ellos.

—A la próxima, prométenos que nos dejarás llevarte a un japonés a cenar —me dijeron.

—Prometido —les contesté segundos antes de cerrar la puerta del taxi.

En el avión de regreso a casa reflexioné sobre todo lo ocurrido, vivido y sentido, y al encender el teléfono, como si de una broma se tratase, apareció un *e-mail* de otro padre, Manuel, un lector gallego, reprochándome «sin llegar a poner puchero», añadía, que le encantaba cómo escribía, pero que echaba de menos un poco más de presencia de los padres.

Le di la razón y le dije: «Escribo como madre, porque soy madre. Reivindico las emociones de las mujeres, porque soy mujer, pero prometo escribir más para padres, rendiros un pequeño homenaje a todos los que me leéis. Y digo pequeño porque unas cuantas líneas no hacen justicia a la maravillosa labor que hacéis en este camino».

Sois pieza clave en este puzle. Cada semana recibo en la consulta a docenas de padres y os confesaré que me encanta escucharos, me encanta contemplar vuestra visión de la paternidad desde ese prisma que nosotras no alcanzamos a ver. ¿Sabéis qué? Que envidio vuestra mentalidad práctica.

Las revisiones de salud a las que acuden los padres sin sus mujeres son por definición más cortas, van al grano. Hacen pocas preguntas y todas ellas importantes. A veces solo necesitan saber: «¿Está todo bien?». Nada más. En muchas ocasiones terminamos hablando de otros temas que se alejan de la crianza y de la salud de los niños. Es realmente curioso y digno de estudio.

¿Y vuestra sensibilidad cuando habláis de vuestros hijos? Me enternece ver cómo os quitáis los escudos en la consulta o en vuestros *e-mails* y habláis de vuestra paternidad real, con vuestras luces y vuestras sombras, que también las tenéis. Sé que a vosotros os cuesta mucho más que a nosotras hablar de emociones; por eso, cuando lo hacéis, lo valoro tremendamente, es como si me hicieseis un regalo.

Nosotras hablamos de emociones casi a diario, no supone un esfuerzo; de hecho, lo necesitamos y por supuesto intento estar ahí, al pie del cañón, escuchándoos a todas. Nuestras necesidades emocionales son altas, como lo son nuestras expectativas.

Admiro vuestra capacidad de entendernos o al menos de intentarlo, porque reconozco que somos complicadas.

Hace unos días un compañero de profesión y de fatigas, amigo en las buenas y en las malas, me confesaba:

—Fíjate, Lucía, con la cantidad de niños que han pasado por mis manos, la cantidad de familias a las que he ayudado en todos estos años, con todos mis conocimientos y años de estudio, últimamente tengo una pregunta que me roba el sueño...

—¿Entonces? ¿Qué ocurre? —le pregunté preocupada.

—No te rías, ¿vale?

—¡Pero cómo me voy a reír! No seas tonto —le reproché mientras le apretaba fuerte la mano.

—Lucía... ¿Tú crees que seré un buen padre? —me dijo con una mirada hasta entonces desconocida para mí; una mirada de vulnerabilidad sin límites con destellos de miedo y emoción.

Soy de lágrima fácil, ¡qué le vamos a hacer! Pero en ese momento yo era la fuerte, ¿no? Sonreí, le puse mis dos manos sobre sus hombros y le dije:

—Serás un padre MARAVILLOSO.
—Eso espero —suspiró aliviado.
—Mira, a ti que te gustan tanto las historias, te voy a contar una, de un padre maravilloso, como lo serás tú.

Y esta fue la historia que le conté.

Hace unas semanas vino a revisión una niña que se llama María acompañada de su padre. No ha sido un padre joven, pero tiene tanta energía y desprende tanto amor que cada vez que entra por la consulta me alegra el día. Su mujer es tan encantadora como él, pero trabaja tanto que no es raro que sea él quien venga a consulta. Sin ninguna duda forman un gran equipo. Los adoro.

Era una mañana tranquila, lo que me permitió ir más relajada y profundizar un poco más en otras cuestiones que habitualmente, con el ritmo frenético de las mañanas, me veo incapaz.

Ese día venía muy contento, feliz. Y su hija, sentada en sus rodillas y orgullosa del papá que tenía, le colmaba a besos.

—¡Qué bien te veo! —le dije—. ¡Y qué bien lo estáis haciendo con María! —le felicité. Su historia era atípica, no fue fácil.

—Lucía, yo no sé si lo hago mejor o peor, lo que sí pretendo con María es ser el segundo mejor padre del mundo —me contestó.

—¿El segundo mejor padre del mundo? —le pregunté con curiosidad infantil.

—Sí, el segundo, porque el mejor padre del mundo ha sido y es mi padre. Así que yo, con llegar a ser la mitad de lo que ha sido mi padre para mí, conseguiré ser el segundo mejor padre del mundo.

Aquello me dejó sin habla. Me eché hacia atrás en la silla, suspiré profundo y observé durante unos segundos cómo le apartaba el pelo de la cara e intentaba rehacerle la coleta con precisión de cirujano a pesar de sus grandes y bastas manos.

El tiempo se detuvo. Me hubiese quedado allí, como mera espectadora, durante horas, robándole esos minutos de intimidad a ese padre del que, sin saber demasiado de él, puedo asegurar que es un gran padre. No dejó de sonreír ni un solo instante, no dejó de mirarme a los ojos más que para mirar a los ojos de su hija. María no necesitaba más. Tenía todo lo que necesitaba en esos momentos: un padre sonriente y feliz que había ido a buscarla al colegio, que la había llevado al médico, que le había rehecho la trenza mucho mejor de lo que se la hubiese hecho yo y que, tras terminar la consulta, la llevaría a casa para comer juntos las lentejas que había dejado preparadas mamá. La cena le tocaría a él, en ese caso, esperaría a su mujer para poder compartir los tres juntos el día que habían pasado.

Porque no es tan difícil, porque las barreras nos las ponemos nosotros. Porque a María poco le importa a qué se dedica su padre, ni siquiera lo sabe, ni siquiera yo lo sé tampoco.

Porque lo que de verdad le importa a María es que papá está.

«Que papá me cuida porque me lleva al pediatra, que aunque no me gustan mucho las lentejas me las como porque mi papá también se las come, y se las come a mi lado. Que en los festivales del cole nunca falla. Que si me despierto por la noche con una pesadilla siempre tiene una historia divertida que contarme o una caricia que darme. Que me llena de besos y abrazos. Que aunque haya días que venga cansado del trabajo siempre tiene un ratito para estar conmigo, para jugar conmigo, y yo no entiendo de relojes ni de minutos, pero lo que está me sabe a gloria. Que, si hay días en los que no aparece por estar de viaje, al volver es tanto lo que recibo de él que se me olvidan los días de ausencia.»

Lo que de verdad le importa a María es que es su padre, que no tendrá otro y que pase lo que pase siempre podrá contar con él.

Porque si pienso en mi padre no podría imaginarme un mejor padre que el que ha sido. ¿Perfecto? Por supuesto que no, pero es mi padre, insustituible. Y al pensar en el padre de mis hijos y en el amor profundo y sincero que demuestran hacia él, tampoco podría imaginarme un padre mejor. ¿Con defectos? Por supuesto, ¿y quién no? Pero es su padre, insustituible.

Mi amigo se emocionó al escuchar la historia.

—Quizá no seas el mejor padre del mundo, ¿quién mide eso? Es probable que te equivoques, como nos equivocamos todos, es posible que «en casa del herrero, cuchillo de palo». ¿Te crees que a mí no me ha pasado? Pero esto, querido, no entiende de sexos. Somos imperfectos por naturaleza, pero nos une algo que va más allá de lo inimaginable, que es el amor incondicional por nuestros hijos. Eso nos hace ser mejores personas, ellos sacan lo mejor de nosotros mismos, nos transforman en seres más generosos, empáticos y compasivos, y eso nos convierte en padres maravillosos.

Sí, amigo mío, sí; no lo dudes más, serás un padre maravilloso y yo estaré aquí para recordártelo.

11

EL VASO MEDIO LLENO, SIEMPRE

«Los optimistas enriquecen el presente,
realzan el futuro, desafían lo improbable
y logran lo imposible.»
William Arthur Ward

El verano es una época del año en la que muchas familias acuden sin prisa a hacer la revisión anual de salud. El ritmo frenético que tenemos durante el invierno tanto nosotros, los padres, como nuestros hijos, hace que los días vayan pasando sin pena ni gloria y no nos percatemos de esos pequeños detalles que observamos en vacaciones al convivir más tiempo juntos. Y así aparecieron un día por la consulta Isabel y su hija de siete años, Ana.

—Lucía, estoy preocupada porque Ana es una niña diferente de las demás.

—¿A qué te refieres con *diferente*? Todos somos diferentes —le dije a Isabel intentando calmar los ánimos. Había entrado en materia de lleno.

—Pues que la veo..., ¿cómo decirlo? Negativa. Siempre se pone en lo peor. ¿Puede ser que le ocurra esto con tan solo ocho años?

—Puede ser, sí —le dije—. ¿Siempre ha sido así o has observado algún cambio en las últimas semanas?

—Siempre ha sido así y me duele decirlo porque soy su

madre. Se supone que una madre no debe hablar así de su hija, pero es que es una ceniza. Y yo..., yo pierdo los nervios. ¡No puedo con ella! Luego me siento fatal, claro. Ya no sé qué hacer. De verdad, no sé ni por qué te estoy contando esto.

¿Hay niños más optimistas que otros?

Por supuesto que sí. Partimos de la base de que cada niño, cada adulto, somos de una manera diferente. Eso no nos hace ni mejores ni peores personas; sin embargo, si aprendemos a conocernos, aprenderemos también a limar nuestras asperezas, a trabajar nuestras debilidades y a potenciar nuestras fortalezas. Y no lo haremos para ser iguales al resto, sino con un claro y sencillo objetivo: ser más felices.

Con nuestros hijos debemos hacer igual.

Desde mi punto de vista, tan importante es enseñarles a ser personas autónomas, que sepan vestirse y asearse, que sepan y disfruten comiendo de todo y de forma saludable; tan importante es enseñarles unas normas básicas de educación y respeto como enseñarles a ser personas optimistas.

Y yo de esto soy plenamente consciente desde el primer momento en el que me convertí en madre.

—Menuda responsabilidad tenemos ahora entre manos —le dije a mi marido.

Está demostrado que las personas optimistas tienen la autoestima más alta, más autoconfianza, más resiliencia, son más emprendedoras, viven con menos miedo y, por supuesto, son más felices, que es de lo que se trata. ¿Verdad? Porque, no nos equivoquemos, dificultades en la vida vamos a tener todos, sin excepción, aquí no hay privilegios. La pérdida, el sufrimiento, el dolor físico o emocional, la angustia y el miedo son sentimientos inherentes al ser humano, a la vida. Nadie tiene o ha tenido una vida perfecta, no os creáis esos cuentos. No podremos cambiar esos acontecimientos que marcan nuestro camino, pero lo que sí depende de nosotros directamente es cómo los afrontaremos: desde un constructivo y esperanzador optimismo o desde un oscuro y destructivo negativismo.

Si tu hijo es negativo y tiende a ver el vaso medio vacío, tienes una labor y un compromiso muy grande: darle todos los recursos y herramientas para convertirle en una persona optimista y feliz. Y esto no es tarea del profesor, es trabajo nuestro.

«Yo es que acepto a mi hijo como es. No intento cambiarle», escucharás frecuentemente.

Sin duda. Nuestros hijos no son moldes sobre los que debamos esculpir un *miniyó* a nuestra imagen y semejanza. Su manera de ser y de sentir es tan válida como la tuya y esto has de respetarlo. Pero, si sabes que tu hijo no goza de grandes dosis de optimismo, es tu responsabilidad enseñarle a llenar ese vaso de momentos, experiencias, olores y sabores inolvidables.

Esta tarde por ejemplo, mientras abría el paquete de jamón de jabugo que había comprado para una cena muy especial que tendremos este fin de semana, le dije a mi hija:

—Cariño, ven, ven, corre.

—¿Qué pasa, mami? —me preguntó intrigada.

Abrí del todo el paquete de jamón, lo moví un poco en mis manos, lo acerqué a su naricita y le dije:

—¡Hmmmmm! Estimula tus sentidos: ¡huele!

Ella empezó a reírse, pero al olerlo dijo:

—¡Hmmm! Mami, ¡qué bien huele! Y además fíjate: ¡si cierras los ojos huele más aún!

Así que yo le seguí el juego, cerré los ojos y olí tan intenso como pude, de hecho casi me caigo al suelo. Aún hubo más, tras olerlo varias veces, le pregunté a Covi:

—Dime, cielo, ¿sientes algo más al olerlo?

—A ver, a ver... —Y volvió a cerrar los ojos—. ¡Ay, mamá, que me ha venido un recuerdo! —me dijo entusiasmada dando pequeños brincos.

—Dime, hija —la animé, emocionada al comprobar cómo un simple olor sentido conscientemente había conectado con su pasado.

—Me acuerdo de las Navidades pasadas en casa de los abuelitos con el jamón aquel que les regalaron. ¿A que no sabes qué? Que el abuelo y yo nos encerrábamos en la cocina para cortar unas cuantas lonchitas sin que nos vierais para que nadie nos riñera.

—¡No me digas, pillina! —le dije, haciéndole cosquillas en su golosa barriguita.

—Pero, mami, mami, mira. ¿Te has dado cuenta de lo que pasa al olerlo muy fuerte? —Y acercó aún más su naricilla al paquete de jamón.

Yo la observaba expectante. A ver con qué ocurrencia salía ahora.

—¡Que se cae la baba! —Y empezó a reírse a carcajadas, señalando un hilito de saliva asomando por la comisura de los labios.

Efectivamente, un olor muy intenso aumenta nuestra salivación durante ese preciso instante. Era maravilloso lo que acababa de suceder: a raíz de oler un simple y cotidiano paquete de jamón con sus cinco sentidos había conectado con un recuerdo pasado precioso y había conectado también con una reacción de su propio cuerpo.

Finalmente, terminamos las dos muertas de risa en la cocina, hablando de comer jamón, de las Navidades, del abuelito y de saliva.

La risa... Ríete. Ríete con tus hijos siempre que puedas. Qué importante es el sentido del humor. Invítalos a que te cuenten chistes. Son malísimos, lo sé, pero finge un poquito y ríete como si tuvieses a los mismísimos Martes y Trece cenando en tu comedor.

Mis hijos tienen una amiguita en la urbanización a la que, cada vez que viene, le gasto la misma broma. Le hablo en «islandés»; bueno, en mi islandés particular.

—Hola, Irene, *¿aquieoinmnksjfh jhdoqwh kadhoiq, kajdqir lkjadp?*

La niña inclina su cabeza, abre la boca como enseñándome los colmillos, frunce el ceño y dice:

—¿¡Qué!?
—Te digo que si *klhdfoi lkjvowiu lkjfoiehoie lkjoiwu ñldjgior.*

Mis hijos, en ese momento, con una mano se tapan la boca, con la otra se sujetan la barriga mientras los ojos se les inyectan de lágrimas de risa. Yo mantengo el tipo fenomenal y la pobre Irene siempre siempre siempre pica. Podemos estar así varios minutos hasta que uno de mis hijos rompe en la más sonora de las carcajadas y, al fin, Irene se da cuenta y se une a nuestras risas.

Potencia el sentido del humor. Ellos son lo que ven. Son grandes imitadores. Si eres optimista, ellos lo serán.

Si tu hijo está muy negativo con respecto a un tema en concreto, no le riñas, no le sermonees.

—No me sueltes un *salmón*, ¿eh, mamá? —me dijo mi hijo muy serio en una ocasión.

Espera a que se le pase un poco el bloqueo y proponle algo que se le dé bien. Un pequeño logro o un éxito le hará coger confianza y energía para afrontar nuevamente el reto que él no se cree capaz de superar.

Yo esto lo pongo en práctica con los deberes. Nunca empezamos por lo que peor se les da, se desaniman mucho. Mejor es empezar por sus puntos fuertes. ¿A quién no le pone las pilas comenzar el día con una palmadita de tu jefe, con un diagnóstico brillante, con una venta estupenda, con una operación exitosa o simplemente con un reconocimiento a tu labor?

Me teníais que haber visto el día siguiente de recibir el Premio Bitácora al mejor blog de salud e innovación científica pasando consulta. Estaba como una moto. Salía a la salita de espera a llamar a los niños cantando por bulerías. Mis pacientes me tocaban y se les electrificaba el pelo.

No olvides que los niños aprenden fundamentalmente de lo que ven; sobre todo cuando son pequeños. De poco sirve que les des lecciones de disciplina positiva si luego no lo llevas a la práctica en casa. Ellos sacan sus propias conclusiones tras observar detenidamente cómo resolvemos nuestros conflictos, cómo nos comportamos en nuestro día a día.

«No te preocupes porque tus hijos no te escuchen, te observan todo el día», decía la madre Teresa de Calcuta.

Sonríe. Sonríe siempre. Sé amable. Enseña a tus hijos el poder de la sonrisa. Enséñales la importancia de ser amables con los demás. El sonreír y el ser amable no solo tienen un potente impacto sobre la persona a la que estás regalando tu energía, sino sobre ti mismo, dan una sensación de paz absolutamente revitalizante. ¿Verdad?

Utiliza la ironía, harás de ellos pequeños seres irónicos. Es divertidísimo observar sus avances con el paso de los años.

—Jolín, mamá, no me digas que no es mala suerte. Es que, de verdad, esto es la ley de *Murcia* —me espetó mi hijo el año pasado enfadadísimo por un contratiempo con su profesor.

—¿De Murcia o de Castellón, cariño? —le dije yo muy seria.

—De *Murcia,* mamá, la ley de *Murcia,* que no te enteras.

Cuando le explicamos que no era de *Murcia* sino de *Murphy,* se empezó a reír tanto que desde entonces en esta casa ya no se dice ley de *Murphy,* sino de *Murcia,* es más, en alguna ocasión se me ha escapado a mí en la consulta ante la mirada atónita de mis pacientes.

Cuando se presente una dificultad real, pon el foco rápidamente en las soluciones y no en el problema. Permite que tu hijo te exponga todo el problema de principio a fin. Una vez expuesto, pregúntale qué podéis hacer para solucionarlo y... manos a la obra.

El optimista hace planes, busca soluciones, construye. El pesimista pone excusas, se lamenta de sí mismo y entra en bucle en pensamientos negativos que nunca harán que se sienta mejor.

Recuerda que de un pensamiento positivo nunca puede salir una emoción negativa. Y no somos lo que pensamos, somos lo que sentimos. Así que piensa bonito y sentirás bonito.

Aprovecha cualquier oportunidad que tengas con tus hijos para contarles historias divertidas, que de penas ya vamos servidos. Hazles preguntas del tipo: «¿En qué momento te reíste hoy en el cole?», «¿Cuál fue el momento más divertido del día?», «¿Quién es la persona que más te hace reír en el recreo?».

Os sorprenderéis con la cantidad de cosas que os cuentan.

Enséñales a disfrutar de la música. Cuando te guste una canción compártela con ellos, cantad juntos y hacedlo como si no hubiera un mañana. Hace mucho tiempo que en el cajón de los cubiertos no guardamos cucharas, sino micrófonos improvisados. Haced la prueba. Muchas mañanas de fin de semana, mientras se calienta la leche, con cuchara en mano y pelos de loca, me convierto en Tina Turner, en Beyoncé o en lo que en esos momentos esté sonando en la radio. Mis hijos no tardan ni tres segundos en coger su «micrófono» del cajón y hacerme los coros. ¡No falla!

Intenta no hablar mal de los demás delante de tus hijos. Ya conoces la famosa frase: «Lo que Pepe dice de José, dice más de Pepe que de José». Es más, yo añadiría que tan importante es lo que dice como el cómo lo dice. No insultes ni ataques ni arremetas contra los demás de forma indiscriminada delante de tus hijos. Nos observan, nos ven, nos escuchan y, por supuesto, nos imitan.

Lee cuentos con ellos, cuentos bonitos, cuentos divertidos, educativos, optimistas. Pero, eso sí, has de utilizar todas las entonaciones necesarias. Mis hijos a veces se ríen más por las payasadas que hago mientras intento poner voz a los distintos personajes que por la historia en sí.

Y, por último, si alguno de tus hijos, de manera repetida, se lamenta de todo lo que ocurre a su alrededor, te propongo un truco. En mi casa tenemos una norma: si se dice algo negativo, hay que compensarlo con tres cosas positivas.

—Vaya rollo, mañana seguro que llueve y no podemos ir a patinar —se lamenta mi hijo cruzándose de brazos.

—¡Ehhhh! ¿Cómo sabes que va a llover? ¿Has visto las noticias? ¿O acaso has encendido tu bola de cristal? —le contesto en «modo ironía», intentando peinar su flequillo.

—No, pero últimamente tengo tan mala suerte que seguro que llueve —añade mirándose los pies.

—¡Tarjeta roja! Ale, a decir tres cosas positivas.

Todos se ríen. Si el «enfurruñado» no decide empezar su tarea, casi con seguridad lo hará su hermana:

—Primera: mañana seguro que hará un sol superguay y podremos ir a patinar.

—Segunda —sigo yo—: además nos llevaremos un *picnic* para merendar y lo pasaremos genial.

Mi hijo, que no terminaba de aflojar el ceño, al fin añade con voz pícara:

—Y tercera: a lo mejor llueve, pero si llueve ¡iremos al cine a ver *Star Wars*!

«¡Conseguido!», pienso orgullosa.

«Los optimistas enriquecen el presente, realzan el futuro, desafían lo improbable y logran lo imposible», dijo William Arthur Ward.

12

YO JUZGO, TÚ JUZGAS, ÉL JUZGA

Hija, no juzgues.
Como te ves, me vi.
Como me ves, te verás.

15 de agosto de 2016

Para muchísimas familias empiezan sus vacaciones; para otras muchas acaban. Para algunos es un día más, este año no se pueden permitir salir de casa. Para miles de hogares supone despedirse o reencontrarse con sus hijos tras pasar quince días con su otro progenitor. Para muchos niños es el inicio de la escuela de verano; para otros muchos, el final. Para algunos aventureros el día en que se van de campamento; para otros, el día de regreso. Para muchos abuelos el día de llegada de sus nietos al pueblo; para otros, el día de volver a casa.

Para mí suponía el feliz reencuentro con mis hijos, tras dos largas semanas sin ellos. Esa misma mañana aterrizaba en Madrid tras más de veinte horas de avión. La quincena sin niños es tan larga que cuando mi amigo Juanjo nos propuso irnos con ellos a Japón no lo dudé ni un instante: mente ocupada, buena compañía, viaje soñado y niños felices con su papá. Los ingredientes perfectos para pasar su ausencia relajada y feliz. Cuando aterricé en España y encendí el teléfono, el primer mensaje que recibí fue:

«Quizá todos los días no sean buenos, pero siempre hay algo bueno todos los días.»

Y sonreí. Para mí, ese justamente era un gran día. Sin pensarlo dos veces, compartí esa frase en mis redes sociales con un «y yo hoy abrazaré a mis hijos, los besaré y los acariciaré tras quince días sin verlos. No necesito más».

Fue un guiño inconsciente hacia los miles de familias que se encuentran en mi situación y en la situación del padre de mis hijos en verano. Las reacciones no se hicieron esperar y el guiño fue captado por cientos de personas conectadas con mis mismas emociones. No hicieron falta más palabras que estas y, aunque nadie sabía de mi situación particular, las palabras llegaron. Pero no os equivoquéis, las palabras llegan y en ocasiones acarician el alma, otras la arañan, y algunas otras la golpean y la lastiman, como hizo la protagonista de esta historia.

Entre las docenas de comentarios, de pronto llamó mi atención uno de ellos, por su nula empatía, por su despiadada manera de juzgar y, sobre todo y por encima de todo, por la pena al pensar en el pésimo ejemplo que esa mujer les estaba dando a sus hijos con juicios de ese calibre: «¡Pues es muy fácil! Esa pena se acaba no dejándolos para irse de vacaciones. Yo sería incapaz de dejar a mis hijos para ir a disfrutar».

Inmediatamente después, otra lectora le contestó: «¿No te has parado a pensar que quien se separa de sus hijos puede ser porque esté divorciada? ¿O porque esté trabajando y tenga que dejarlos con los abuelos, o porque quiera irse con su marido a solas, que también es necesario?».

El resto de la conversación no merece la pena ser reproducido, porque la protagonista en cuestión terminó faltando al respeto a la segunda, quien muy inteligentemente ignoró completamente sus insultos.

«No juzgues y no serás juzgada», me repetía mi padre incesantemente durante mi adolescencia, cuando fruto de mi efervescencia hormonal criticaba duramente a quien no pensara, sintiera u opinara como yo.

Si decides dar lactancia artificial a tu hijo, eres una mala madre. Si por el contrario mantienes una lactancia prolongada más allá de los dos años, te señalarán con el dedo conocidos y desconocidos argumentando que «eso es puro vicio». Si practicas colecho, estás dinamitando tu vida sexual. Si sacas a tu bebé a los seis meses de la habitación, eres una desalmada. Si optas por el *baby led weaning* (BLW) como alimentación para tu hijo, vas de moderna, pero si no decides introducir los trozos hasta los diez meses es que «estás criando a tu hijo en una burbuja».

Si te incorporas a trabajar al cuarto mes sin cogerte ni siquiera el permiso de lactancia, eres un bicho raro. Si te coges una excedencia por un año, eres una mala compañera. Si decides viajar sin niños, eres una egoísta; si no haces un solo plan sin contar con ellos, es que tu matrimonio se ha terminado.

Si contratas a una canguro para salir a cenar con tu marido y tomar una copa, sois los peores padres del mundo, si además dejáis a los niños con los abuelos algún fin de semana simplemente para dormir y sobrevivir, «la paternidad os ha venido grande».

Si apuntáis a los niños a un colegio privado, sois unos elitistas. Si no hacen actividades extraescolares, sois los raros del colegio.

—Y tú, ¿a qué actividades extraescolares has apuntado a tu hija? —me preguntó una madre a la que apenas conocía en la puerta del colegio el año pasado.

—¿Yo? A ninguna —le dije sonriendo mientras veía a mi hija salir corriendo con los brazos abiertos dispuesta a darme el abrazo más grande de la historia.

Al avanzar unos pasos para recibirla, escuché cómo le dijo a su amiga:

—Se ve que esta madre pasa de todo.

Sonreí más todavía y apunté mentalmente en mi lista de juicios un calificativo más: *madre pasota.* Lo que nunca le conté a esa madre es que mi hija con seis años no necesitaba ser la próxima promesa del *Ballet* Nacional Ruso ni convertirse en discípula de Dalí. De hecho, al llegar a casa le faltaban horas en la tarde para hacer todas sus actividades extraescolares: merendar con su hermano y conmigo mientras compartíamos divertidas anécdotas, salir a jugar con sus amigas en la urbanización, pelearse y reconciliarse tres veces con su hermano en la misma tarde, ensayar el baile sorpresa que estaba preparando para el cumple de una amiga, regar las plantas, dar de comer a las tortugas, ponerse los patines y lanzar desde lo lejos sus carcajadas mientras hacía carreras con los chicos, esconderse en el baño con su vecina Irene para cogerme mi estuche de maquillaje y dejar mi lápiz de ojos sin punta y la barra de labios inservible... Darse un baño de espuma con sus muñecas sin dejar de hablar un solo segundo mientras yo le desenredo el pelo y ella se lo desenreda a sus Barbies; elegir el cuento de la noche y por último dejar que mamá le rasque la espalda mientras viene el Arenero, ese ser diminuto que se cuela en la cama de los niños, trepa por los brazos, se agarra a la oreja, camina despacito por las cejas y suelta sus polvitos de arena mágicos sobre los ojos aún abiertos para llevarlos a un placentero y dulce sueño...

Si decides tener un solo hijo, definitivamente eres muy egoísta. Si tienes cinco hijos directamente serás del Opus. Si te gusta un buen taconazo y llevar los labios pintados de rojo, eres una pija. Si no tienes tiempo ni para mirarte al espejo y vas como puedes, es que «no cuidas nada tu imagen».

Si tu pareja es otra mujer, las miradas descaradas están garantizadas. Si tu pareja es un hombre mayor que tú, a saber por qué estás con él. Si por el contrario tu marido es mucho más joven, pasas a ser «la lista del barrio» y si directamente has decidido tener a tu hijo en solitario, sin padre reconocido, entonces ya te aconsejo que te mudes y te inventes que eres viuda, que eso siempre queda bien.

Si les das de comer productos ecológicos, eres una *hippy;* si cansada de tirar papillas hechas por ti le compras potitos, estás envenenando a tu hijo.

Por mi consulta pasan cada semana muchas madres primerizas, otras tantas con varios hijos. Tengo a madres monísimas sacadas de revista: altas, guapas y esbeltas; veo a muchísimas más ojerosas, rellenitas y con alguna que otra cana. Veo a madres solteras, casadas, divorciadas, tatuadas, banqueras, empresarias, maestras, amas de casa, autónomas o funcionarias.

Veo a madres con las ideas muy claras y a otras que naufragan en un mar de dudas. Si lloras, eres una llorona; si no lloras, eres demasiado fría.

Da igual lo que hagas, da igual lo que digas, da igual el acuerdo al que hayáis llegado como pareja. No importa si le haces caso a tu madre, a tu amiga o a tu vecina. Ni siquiera importa si lo haces bien o mal; ni incluso si eso y no lo otro es lo que deseas hacer. Todas ellas, todas nosotras, nos hemos sentido juzgadas.

¡Basta ya!
La maternidad es sagrada.

Teta, biberón. Guardería, sí; guardería, no. Colegio religioso o laico. Colecho o cama. Fútbol o ajedrez. Casada, divorciada, sin pareja o con las parejas que te dé la gana. Vacaciones en familia, con amigos o con tu marido. ¿Y a ti qué más te da?

No a los trajes de talla única. No a los modelos familiares únicos. No a los juicios y prejuicios. Tenemos que estar unidas en esto, porque la vida me ha enseñado que...

Por donde yo estoy pasando ahora, quizá pases tú mañana.

Por donde dije que nunca pisaría, ahora salto y bailo.

Lo que critiqué, juzgué y reproché duramente ahora me hace feliz.

Lo que en su día me hacía reír ahora me hace llorar, y los motivos por los que lloraba ahora me roban una sonrisa, incluso una carcajada.

Que al fin y al cabo esto es un viaje, y, a diferencia de lo que nos han contado, es un viaje muy largo con muchas paradas.

Que la humildad y la empatía no han de faltar nunca en mi equipaje.

Que los consejos que recibes hoy quizá los estés dando mañana.

Que compartimos camino y descanso, y que donde yo paré a tomar aire quizá pares tú mañana.

Que la experiencia es un grado y que he de escuchar más a mis mayores.

Y para terminar, una vez más, las palabras de mis padres vuelven a mí. Aún escucho a mi madre decirme:

«Lucía, no juzgues. Como te ves, me vi. Como me ves, te verás.»

13

EN ESTA CASA ESTÁ PERMITIDO LLORAR

Y no era momento de que yo llorara su pena,
aunque lo hubiese hecho, era momento
de acompañarle en la suya.
Soy médico, conozco una lista interminable
de medicamentos para el dolor, para la fiebre,
para la enfermedad, pero no para el llanto.

¿En qué momento hemos asumido que llorar es de débiles, es de «niñas» y de tristes? ¿En qué momento hemos empezado a ocultarnos, a ponernos máscara sobre máscara, a simular una perfección inexistente e irreal? ¿En qué momento la vergüenza, la culpa y la frustración han teñido nuestras miradas al mismo tiempo que derramamos unas sentidas y amargas lágrimas?

En esta casa se escuchan muchos besos por la noche, carcajadas alrededor de la mesa de la cocina y brincos infantiles a la entrada cuando suena el timbre y aparecen los abuelitos de sorpresa.

En esta casa buena parte del tiempo se escucha música, se canta, se baila. Sí, en esta casa se baila mucho. En esta casa las tardes de viernes ponemos el canal de música de la televisión y jugamos a hacer *playback* mientras sujetamos un lápiz a modo de micrófono e imitamos al más puro estilo de *Tu cara me suena* a los artistas nacionales e internacionales. En esta casa bromeamos, nos pintamos las uñas y jugamos a las muñecas. En esta casa nos damos sustos escondidos tras la puerta, nos hacemos cosquillas las mañanas de domingo y le pegamos patadas al balón en el jardín.

En esta casa jugamos al Monopoly las tardes de lluvia, nos acurrucamos en el sofá bajo la manta y soñamos despiertos o dormidos, pero soñamos.

En esta casa soñamos a lo grande, porque soñar nos mantiene vivos, porque no concibo mi vida sin una larga lista de sueños.

—Niños, si ahora mismo no tuvierais colegio, si nosotros no tuviésemos que ir a trabajar y además nos tocara la lotería, ¿qué haríais? —les pregunté a mis hijos hace unos días.

A Covi, mi hija pequeña, se le iluminaron los ojos como si ya fuese una realidad lo que le acababa de contar y, sin pensarlo dos veces, dijo:

—¿Yo? Jugar, jugar, jugar. —Y levantó sus bracitos, abriéndolos mientras miraba al cielo.

—Pues yo —añadió mi hijo Carlos— me quedaría en casa a ver una buena peli con palomitas, los cuatro sentados en el sofá y luego iría a comer un arroz *lavanda*.

—¿*Lavanda,* cariño? —le dije conteniendo la risa—. Será *a banda,* un arroz a banda.

—Sí, eso he dicho —dijo él con una sonrisa pícara—. Y luego podríamos volver a Menorca de vacaciones.

Mientras escuchaba a mis hijos, miré emocionada a Javi, mi chico. Sé que me leyó el pensamiento; lo supe al ver cómo asentía lentamente con la cabeza y me sonreía amorosamente.

Sí, sus sueños no eran nada caros, nada difíciles de conseguir. Me emocioné mucho cuando luego lo hablábamos él y yo en la cama, en el silencio de la noche, mientras ellos ya dormían. Esa noche había tenido un día especialmente difícil, uno de esos días sin carcajadas, sin risas, sin brincos, sin bailes ni Monopoly. Uno de esos días en los que no necesitas demasiadas palabras, solamente una mirada certera de apoyo, una mano que seque tus lágrimas y un cuerpo al que abrazar. Afortunadamente lo tuve.

En esta casa hablamos mucho, compartimos, sentimos, y a veces lloramos. Sí, en esta casa también se llora, está permitido llorar.

Covi sigue viviendo en un maravilloso e inocente mundo de fantasía donde todo se puede borrar y volver a colorear, donde no hay imposibles, donde no existe el pasado ni el futuro; un mundo que se puede arreglar escribiendo una carta a los Reyes Magos, un mundo en el que un beso todo lo cura. Mi hijo Carlos, sin embargo, empieza a tener un pasado, un presente y un futuro. Se está haciendo mayor y con los años sus preguntas son más complejas, más elaboradas, más difíciles de contestar; sus miedos, más justificados, más reales, más palpables; y sus penas podrían ser las mismas que las de cualquiera de nosotros, incluidas las mías.

—Es que necesito llorar —me dijo conteniendo aún sus lágrimas mientras se llevaba sus dos manos a la cara y se acercaba a mí, lentamente, pero dolorosamente abatido.

—Pues llora, cariño, llora. No pasa nada, mamá está aquí contigo.

Y no era momento de que yo llorara su pena, aunque lo hubiese hecho, era momento de acompañarle en la suya.
Soy médico, conozco una lista interminable de medicamentos para el dolor, para la fiebre, para la enfermedad, pero no para el llanto.

Podría haberle distraído, podría haberle puesto un parche disfrazado de juguete, de bizcocho casero de chocolate o de «si dejas de llorar, te invito al cine». Pero no, no me gustan los parches, ni los escudos, ni las máscaras. Dejé que llorara abrazado a mí.

—No entiendo para qué sirve estar triste, no quiero sentir esto —me dijo entre suspiros.

—Esto también nos ayuda, cariño. Es imposible estar alegres todo el tiempo, nadie lo está. La tristeza es una emoción tan importante como la felicidad, el miedo o la ira. La tristeza nos ayuda a explorar dentro de nuestras emociones, a buscar por qué estamos así, y nos ayuda a limpiarnos por dentro, a buscar soluciones; porque ¿sabes una cosa, amor?

—Dime. —Se limpió las lágrimas con la manga de la camiseta.

—Yo también estoy triste a veces —le confesé en un arranque de sinceridad, hablándole a pecho descubierto.

—¿Tú, mamá? Noooo. Si siempre estás alegre. Siempre estás sonriendo, siempre te lo digo, que así te saldrán más patitas de gallo —me dijo, soltando una tímida carcajada y sonándose los mocos.

—No, cariño, a veces también estoy triste como tú.

—¿Y lloras? —me preguntó con sus inmensos ojos verdes muy abiertos y mirándome fijamente.

—Pues si las lágrimas necesitan salir, salen. Las dejo salir porque con ellas se limpia parte de la pena. Porque si no lo lloramos queda ahí dentro y no se va solo. Porque reconociendo la tristeza aprendo a valorar todo lo demás que tengo y eso me llena de alegría. Y porque cuando lloras mucho por algo, al terminar, te sientes tan liberado que las soluciones a los problemas empiezan a surgir solas y es entonces cuando la pena se convierte en alegría o, al menos, en ilusión, en esperanza.

Hablamos durante una hora sobre todo aquello que le causaba tanta pena y comprendí que sus lágrimas le estaban ayudando a ponerle nombre a sus emociones. Estaba reconociendo lo que sentía, por qué lo sentía y, lo más importante, deseó encontrar una salida.

Fue una conversación inspiradora y mucho más intensa y enriquecedora que las decenas de conversaciones que he mantenido en las últimas semanas con gente adulta.

Cierto que nuestros hijos son niños aún o quizá adolescentes, pero, no te equivoques, con ellos podemos alcanzar un grado de comunicación y de conexión que no alcanzarás con nadie. Solo hay que darles la oportunidad de hacerlo, solo hay que escucharlos y, por supuesto, acompañarlos en su dolor cuando llegue, que indudablemente, en algún momento, llegará, y en ese momento vivirán y experimentarán en su propia piel lo que es la tristeza.

La tristeza es una respuesta natural de nuestro cuerpo ante una pérdida, un fracaso, una desilusión, o un daño físico o emocional. Y, aunque está considerada como una emoción negativa, es necesaria para tener un adecuado equilibrio emocional. La tristeza hace que disminuya nuestra actividad basal, nos conecta con nuestro interior, nos invita a la reflexión, al descanso, al análisis y a la autocrítica. Nos despierta la necesidad de superar las dificultades y nos conecta también con los demás a través de la empatía. ¿Qué sientes cuando ves a alguien triste? Tenemos la necesidad de ayudar, ¿verdad? La tristeza despierta la compasión. Y nos ocurre a nosotros y también a los animales. ¿No es maravilloso pensar en la capacidad que tenemos de conectarnos unos con otros a través de una simple emoción?

Vivimos en la sociedad del bienestar, del *carpe diem,* del disfrutar de cada día como si fuese el último, y esto está muy bien, de verdad que está muy bien. Pero estar en este éxtasis continuo además de agotador es dañino. Desatendemos los días de sombras, los días grises y nublados en los que, quizá, sonreír te requiera un inusual esfuerzo. Está mal visto, ¿verdad? No hay que taparlo, no debemos engañarnos y pretender que nada ha ocurrido. Al igual que si te rompes los dientes en una caída no pasarás el resto de las semanas con los labios sellados como si no hubiese pasado nada, sino que rápidamente buscarás una solución, con la tristeza debe ocurrir algo similar aunque con otros tiempos.

Hay que reconocer esta emoción, aceptarla, sentirla, buscar consuelo si es eso lo que necesitas y superarla. Y esto es lo que debemos transmitir a nuestros hijos.

«No estés triste», «no llores», «llorar es de pequeñajos» se les dice a los niños frecuentemente... Pues ¿sabéis qué os digo? Que a veces sí, y otras veces no.

Cuando mis hijos lloran por tonterías suelo decirles:

—Cariño, no llores por esto; por esto no, mi cielo. Se llora por cosas importantes...

Y ya empiezan a saber discernir entre aquello que para ellos es importante y que vale la pena ser compartido y consolado en los brazos siempre abiertos y cálidos de mamá y papá y lo que realmente no merece ni una sola de sus lágrimas.

Siempre lo digo y perdonad si me repito, pero...

Las alegrías se celebran y las penas se lloran.
Y no hay más.

La próxima vez que tu hijo esté triste por algo verdaderamente importante para él, recuerda estos sencillos puntos:

- **Escúchale atentamente.** Escúchale con tus oídos, con tus ojos, con tus manos y normaliza sus emociones. «Esto que estás sintiendo es normal, tranquilo, a mí también me ocurre.» ¡Qué alivio escuchar estas palabras cuando estás triste, ¿verdad?, en lugar de recibir lecciones magistrales de «te lo dije».

- **No le reprimas.** Deja que llore, que se libere, que lo suelte todo.

- **Ofrécele apoyo, no necesariamente verbal.** En ocasiones no sabemos ni qué decir ni cómo ayudar, no pasa nada. Apóyale con tus caricias, con un abrazo, con un beso...

- **Pregúntale por qué está triste,** invítale a reflexionar, a que conecte con su interior, con su pena, con sus fantasmas...

- **Y, por último, dale tiempo.** No le presiones. Dale tiempo a que se recupere, a que lo asuma, a que empiece a comprender el porqué y a que desee buscar soluciones para conseguir que se encuentre mejor.

«Hay caminos que hay que andar descalzo», dice el gran Fito, a quien escucho en mis días de melancolía. Y así es. Nadie puede prestarte sus zapatos. En ocasiones, hay momentos en los que uno necesita abandonarlo todo, caminar descalzo y sentir el suelo bajo la piel herida. Dar pasos con los cinco sentidos, buscar el camino según lo que sientes y no según lo cómodo que sea tu calzado, hay momentos en los que debemos mirar al suelo y a lo que allí te encuentras, dejando atrás aquello que definitivamente te hace daño y recogiendo del camino lo que ayudará a reconstruirte.

Y una vez deseches las piedras del camino y empieces a pisar sobre fresca y húmeda hierba será el momento de mirar hacia fuera. Una vez hayas explorado tus profundidades, tus necesidades y hayas soltado zapatos, ropas y lastres, entonces podrás mirar al cielo y empezar a soñar de nuevo.

Y, cuando te des cuenta de que hace mucho tiempo que ya no miras al suelo, que ya ni siquiera apartas las piedras porque simplemente ni las ves, descubrirás que has cambiado.

En esta casa está permitido llorar. Indudablemente. Enseñemos a nuestros hijos a poner nombre a sus emociones, a las buenas y a las malas. Enseñémosles a sentirlas todas, todas son nuestras. No tenemos que estar siempre alegres, aunque eso sea lo que se espera de nosotros. No. No hagamos que se sientan culpables o inferiores si pasan por momentos difíciles, no. La vida está llena de piedras en el camino, son pocos los éxitos con los que nos topamos, lo demás son dificultades. Enseñémosles a superar con ánimo, optimismo, resiliencia y espíritu luchador todas y cada una de las dificultades. Nuestros hijos van creciendo y a veces no tenemos todas las respuestas. ¿Y ahora qué? ¿Qué ocurre si no tienes las respuestas? No olvides que hay preguntas que se responden con caricias, con miradas, con abrazos y con besos... El secreto: estar, nada más.

14

EL TEMIDO MOMENTO DE VOLVER AL TRABAJO

Me da igual que lo hayan pasado millones
de mujeres antes que yo.
Esto es lo que yo siento ahora, y lo siento dentro,
por lo tanto es mío.
Es mi pena.
¡Dejadme en paz!

Hay mañanas en las que el sol entra de una forma especial por la consulta, hay mañanas en las que todo lo que te rodea te recuerda algo, hay mañanas singulares en las que la primera paciente te cambia el día, te recuerda que el tiempo pasa y que pasará para todos, para ella también, aunque ella aún no lo sabe.

Salgo del ascensor y aún con las luces apagadas vislumbro a una madre con su bebé de no más de seis meses en brazos esperando en la salita. Lo está meciendo mientras le canturrea una nana. Observo la maternal escena desde la distancia y a medida que me voy acercando, pienso: «¡Cómo se parece este bebé a mi hijo Carlos! ¡Y cómo le acuna su madre! Igualito que hacía yo».

Me sorprendí incluso al observar que la manita derecha del bebé se perdía en el escote de su madre en busca de su refugio, de su alimento, de su consuelo: la teta.

«¡Increíble! Exactamente igual que Carlitos. No había

mejor calmante para él que dejarle explorar en las profundidades de mi pecho. Por aquel entonces yo me lo tomaba a risa y le decía: "Ale, hijo, a amasar pan, venga, dale". Aún es el día de hoy y, de vez en cuando, lo intenta y es entonces cuando le digo: "No, cariño, tú etapa de panadero ya ha terminado".»

Y nos empezamos a reír los dos, yo con la mirada puesta en el pasado, cuando él ni siquiera hablaba y Carlos, hecho ya un hombrecito, aferrándose a un tiempo del que le cuesta despedirse.

Volviendo a la madre de mi consulta, aquellas coincidencias no eran más que el principio.

—¡Buenos días! Vamos entrando y me vas contando qué tal —le dije sonriente mientras sacaba las llaves del bolso, dispuesta a abrir la consulta y empezar la mañana.

Intentó devolverme la sonrisa, pero no fue capaz.

«Algo pasa», pensé.

Una vez dentro, mientras me ponía la bata y encendía el ordenador, le dije:

—¿Qué tal? ¿Cómo estás? —Esperaba un «muy bien» por respuesta.

—Bueno, las cosas podrían ir mejor —me contestó con un nuevo intento fallido de sonrisa.

—Vaya... —alcancé a decirle, mirándola fijamente a los ojos, intentando leer entre líneas.

En esta profesión, tras una respuesta así, una está acostumbrada a escuchar de todo: «Me acaban de diagnosticar un cáncer», «Mi madre está muy enferma», «Mi marido se ha ido de casa», «Hemos estado ingresados la semana pasada y lo hemos pasado fatal», «Me voy a separar», «Me han echado del trabajo, no me renuevan»... y un sinfín de malas noticias que acompañan a ese «bueno, las cosas podrían ir mejor». Sin embargo, esta vez su respuesta me pilló por sorpresa, porque hacía muchos años que no recordaba los momentos que estábamos a punto de compartir.

Hay pacientes con las que definitivamente te apetece compartir experiencias, y esta era una de ellas.

—Me incorporo a trabajar —sentenció.

Y esta es una frase que, en sus circunstancias y en las que yo me encontraba cuando pasé por ello por primera vez, solo logras entender tras haberla vivido. Buenas noticias para miles de personas ansiosas por empezar a trabajar y un momento desolador para una «recién mamá» con un bebé de apenas seis meses en brazos, que de lo único que se alimenta es del pecho de su madre y que hasta la fecha no se ha separado de ella ni un minuto en los nueve meses más veinticuatro semanas de vida que tenía.

—Te puede la pena —le dije mientras le ponía mi mano en su hombro.

Estas cuatro palabras fueron suficientes para que empezara a «vomitar» todo lo que le llevaba robando el sueño en las últimas noches:

—Ay..., es que ¿cómo voy a ser capaz de separarme de mi hijo tantas horas? Lucía, solo quiere mamar y mamar, rechaza cualquier tipo de tetina, no quiere ni oír hablar de ellas, ¿de qué se va a alimentar cuando yo no esté? No entenderá lo que está ocurriendo. No puedo ni imaginar el sufrimiento que eso le puede generar...

La escuchaba atentamente y me estaba escuchando a mí misma hace nueve años, cuando intentaba explicarles esto mismo a mis amigas y nadie sabía darme una respuesta. Los parecidos entre su historia y la mía eran tantos que por un momento pensé que era yo la que hablaba.

—Vivimos aquí sin familia. El bebé no se ha separado de mí ni un minuto, además es un niño muy demandante, me pide cada dos horas. No consiente que nadie le alimente, ni siquiera con mi propia leche extraída, es inútil, termina en la basura. Llora y llora, solo se calma cuando está en mis brazos. Y sí, yo sé que por esto pasan todas las mujeres, pero es que...

—No te justifiques más. No tienes que hacerlo. Conmigo no lo hagas.

Retrocedí en el tiempo nueve años, cuando escuchaba a madres veteranas con dos y tres hijos decirme:

—Bueno, es lo que toca. Todas hemos pasado por ahí, no se acaba el mundo.

«¡Pues ya sé que no se acaba el mundo! —pensaba yo indignada en ese momento—. ¿A qué viene esta estupidez? Pues también sé que todas las mujeres trabajadoras han pasado por ello. ¿Y a mí qué? ¿Mal de muchos, consuelo de tontos? Pues va a ser que no. ¡A mí eso no me consuela un pimiento!», me apetecía gritar cada vez que me venían con la misma historia.

Me da igual que lo hayan pasado millones de mujeres antes que yo. Esto es lo que yo siento ahora, y lo siento dentro, por lo tanto, es mío. Es mi pena. ¡Dejadme en paz!

Así que después de intentar compartirlo y no encontrar nada que me convenciera, aprendí a vivirlo desde dentro. Sí, en la vida hay cosas que se viven desde y hacia dentro, como es la pena, y hay otras que se viven y se sienten hacia fuera, como es el amor o el deseo: si no lo expresas, si no lo compartes, explotas.

En ese instante en el que escuchaba a mi paciente comprendí que me encontraba con una mujer que bien podría haber sido yo hace nueve años. Y es en esos momentos en los que eres consciente del paso del tiempo, de la cantidad de cosas que has ido metiendo en la mochila: años de profesión, experiencias y confidencias, temores y miedos de madre; también metes nuevos y enriquecedores, incluso salvadores, puntos de vista al tener a tu segundo hijo... y te relajas, vamos que si te relajas.

Decidí en ese momento que iba a empezar la mañana ya con retraso porque de lo que teníamos que hablar era importante, así que no me quedaba otra que pedir disculpas a la siguiente familia que entraría a continuación e invertir toda mi energía y tiempo en esta mamá que tanto necesitaba que le dijeran esto:

—Lo que sientes es normal, más que normal, es natural. Tu bebé va a estar muy bien. Te voy a decir lo que va a pasar: los primeros días llorará porque efectivamente no comprenderá por qué mamá no está ahí con él, cuando en realidad lleva toda su vida o dentro de ti o a tu lado. Es probable que deje de comer unos días, sí, hará una huelga de hambre. Se negará en rotundo a tomar biberones, él querrá la tetita de mamá; es posible que incluso su sueño se altere las primeras noches, se despierte sobresaltado, quiera estar enganchado a tu pecho toda la noche en un intento de mantenerte unida a él eternamente. Las noches irán pasando y en esos momentos te dirás: «No puedo seguir así». Pero ¿sabes qué? Que podrás, claro que podrás.

Porque pasados unos días, que no son muchos, él volverá a estar feliz, comerá lo que le den, dormirá de nuevo a pierna suelta y cuando vuelvas del trabajo te recibirá con una plácida sonrisa en busca de tus caricias. Y entonces tendrás que empezar tú tu propio proceso. Porque esto ya es cosa nuestra. Es tu pena y has de superarla tú.

—¿Te tienes que incorporar sí o sí al trabajo? ¿Verdad?
—Sí —me dijo.

—Pues ya está. Como me decía mi madre: «No te rebeles contra la evidencia». Hay cosas en la vida que no podemos cambiar, que no están en nuestra mano, al menos en estos momentos, por lo que invertir nuestra energía en ello no tiene mucho sentido. Has de mantener la cabeza fría y aprender a no desgastarte en cosas que no dependen de ti.

Ella asentía, veía como cada una de mis palabras calaba muy hondo. Supe que no olvidaría esta conversación en mucho tiempo, quizá nunca la olvidaría.

—Tenemos que volver al trabajo y no hay más. Tu bebé va a estar bien, eso es lo único que importa. Tu pena por no estar a su lado es tuya, y tú has de gestionarla desde dentro. Diferente sería si supieras que tu hijo no iba a estar bien cuidado, entonces sí vivimos la pena desde fuera..., con esa necesidad imperiosa y vital de intentar cambiar las cosas.

Pero cuando nuestros hijos están bien,
todo lo demás es trabajo nuestro,
trabajo de madre, de mujer.

—Así que, escúchame bien —le dije con una sonrisa—, vas a disfrutar del mes que te queda, vas a olvidarte de las papillas si no las quiere, deja de pelear, no merece la pena. Ofrécele los alimentos al mismo tiempo que coméis vosotros. ¿Que quiere coger la zanahoria hervida él solo? Pues déjale. No quiero que cuentes cucharadas ni peses gramos de pollo. Disfruta, son treinta días los que aún tienes por delante. No los desperdicies peleando. Ya comerá; de hecho, ya te adelanto que, cuando tú no estés, comerá.

Su expresión facial se relajó, su mirada se iluminó. No dijo mucho, pero lo que dijo, me bastó:

—Gracias, Lucía. Lo necesitaba.

Y se fue...

Unos meses después volvió. Durante los primeros minutos de consulta me contó cómo habían ido las cosas; efectivamente, el niño se había negado a comer durante unos días, habían aumentado el número de despertares nocturnos y estuvo más irritable de lo normal. Pasada esa breve aunque intensa fase de adaptación, el bebé volvió a ser el niño risueño y sonriente que era, comiendo y durmiendo a sus horas. Ella estaba más tranquila, asumiendo su nueva situación de madre trabajadora; la encontré serena.

Al sentarse en la silla y coger en brazos al protagonista, este sacó inmediatamente la mano y fue directo a colarse bajo la camiseta de su madre.

«Ale, hijo, a amasar pan», pensé, y me entró la risa, risa que no pude contener.

Su madre se encogió de hombros, levantó las cejas, sonrió y me dijo:

—¿Qué le vamos a hacer si le gusta?

Hay cosas que no cambiarán nunca.

15

EL DESEADO MOMENTO DE VOLVER AL TRABAJO

Que levante la mano la primera madre
o el primer padre que no ha llegado en alguna
ocasión al trabajo un lunes, tras un agotador
y desastroso fin de semana, contento y feliz
de volver a sentarse en su silla.

¿Qué tienen la maternidad y la paternidad que, cuando crees que ya lo has vivido y sentido todo, de pronto, ante una nueva situación, te sientes como un auténtico novato?

Y además cuando esto te ocurre te crees que eres la primera que ha pasado por ello o la única que lo va a experimentar, ¿verdad? Sí, así es. Y este tipo de sentimientos si no los compartimos nos frustran, nos desaniman, nos preocupan y nos van minando poco a poco hasta que llega un día en el que explotas y decides hablar.

—Pues yo estoy deseando incorporarme al trabajo. ¡No puedo más! Necesito volver a recuperar mi vida más allá de la maternidad. Necesito arreglarme, salir de casa, despreocuparme de papillas y pañales, y volver a ejercer, sí, volver a coger las riendas de mi profesión y emprender el vuelo —me dijo una paciente cuando hablábamos de lo difícil que resulta incorporarse al mundo laboral con un bebé tan pequeño—. Mira, Lucía, yo, incluso, he guardado para más adelante el mes de vacaciones. Necesito volver a mi trabajo. Es que lo necesito. ¿Me comprendes? —me preguntaba a la desesperada.

—Pues claro que te comprendo —le dije ofreciéndole esa aprobación que sospecho no recibía de su entorno.

¡Qué complicadas somos! Si con un primer hijo te lleva la pena y la amargura cuando tienes que volver a tu profesión, con un segundo, en ocasiones, lo que te pueden son las prisas por salir de casa y desconectar de la crianza. Quiero a mis hijos exactamente por igual. Han sido niños buscados, deseados y concebidos con el amor más grande que podíamos sentir, pero he de reconocer que con mi hija pequeña me ocurrió exactamente lo mismo que a esta madre y a las docenas de madres que escucho en mi día a día.

Cuando mi hija nació, su hermano tenía veinte meses, nunca había ido a la guardería ni iría hasta que cumpliera los tres años y entrase directamente al colegio.

Carlos empezó a andar a los dieciséis meses, nunca gateó, por lo que hasta ese momento en el que decidió «independizarse» un poco de mí, se pasaba el día en sillita, en hamaca, en su parquecito infantil o en mis brazos «amasando pan» debajo de mi camiseta, incluidos los nueve meses de embarazo de su hermana Covi, en los que se volvía loco por «amasar», ya que, para su deleite, el tamaño de la masa había aumentado considerablemente.

Me dio cuatro meses de tregua antes de que naciera su hermana para tener las dos manos libres y caminar relajadamente por la casa. Cuando nació Covi, como es lógico, dio un pequeño paso atrás y la independencia que había adquirido, de pronto, se esfumó. Reivindicaba su estado de bebé y su profesión de panadero y quería seguir enganchado a mí.

Difícil situación la del príncipe destronado, muy difícil. La verdad es que su hermana me lo puso fácil porque mamaba, sonreía y dormía; mamaba, sonreía y dormía; pero aun así el día tenía veinticuatro horas y, con dos bebés en pañales por casa, la familia a mil kilómetros de distancia y el papá de las criaturas trabajando de sol a sol, las horas pasaban muy lentamente, al menos para mí.

Entre cambiar pañales, preparar papillas, dar el pecho, salir a pasear, subir al mayor al tobogán, volver a casa, baños, cuentos, y horas y horas sin dormir entre llantos de uno y tomas nocturnas de la otra, llegó un momento en que, cuando me llamaron mis jefes para preguntarme cuándo tenía pensado incorporarme, me dije: «¡Madre mía! ¡Que yo soy médico! ¡Que soy pediatra! Que hay vida después de la maternidad, que hay carreteras más allá del parque, y gente además de las mamás de la urbanización».

Y escuché una música celestial que decía: «¡Aleluya! ¡Aleluya! ¡Aleluya, aleluya, aleeeeeluyaaa!».

Durante un brevísimo espacio de tiempo el sentimiento de «mala madre» me invadió. Pero reconozco que me duró apenas unos minutos.

«Pero vamos a ver, Lucía —me dije—. No te permito que te sientas culpable. Eres una madre maravillosa y adoras a tus hijos, los quieres por encima de todo. Pero te recuerdo que la pediatría no solamente es tu profesión, es tu pasión. Que has luchado mucho por llegar al lugar donde estás, que nadie te ha regalado nada y que, si lo has logrado, es porque disfrutas de tu trabajo. Eres buena pediatra como eres buena madre. Necesitas recuperar esa parcela de tu vida. Escucha tus necesidades y hazles caso. Déjate de ñoñerías y ponte a trabajar, que lo estás deseando. Ya te cogerás el mes de vacaciones más adelante, cuando de verdad lo vayas a disfrutar.»

Y eso hice. Me incorporé a las dieciséis semanas y la verdad es que me sentí fenomenal. Recuperé parte de mi identidad y disfrutaba más aún de mis hijos al llegar a casa. Comprendí que mamá no es imprescindible las veinticuatro horas del día, que ocho horas estaría fuera de casa, pero el resto del tiempo se lo dedicaría a mi familia, y me funcionó. Una vez más, hice caso a mi voz interior y reservé las vacaciones para más adelante. Cuando llegaron las disfruté plenamente, sin el agotamiento de los primeros meses tras dar a luz y tras llevar trabajando ya unos meses, con lo que las cogí con unas ganas tremendas de desconectar y valorar al cien por cien el tiempo de calidad en familia.

Así que comprendo perfectamente a todas aquellas madres que rozan la depresión cuando llega el momento de incorporarse al trabajo porque puede resultar realmente duro y difícil, lo sé, pero también entiendo a aquellas madres que no solo desean volver a su profesión, sino que lo necesitan. A todas ellas las animo a que se liberen de la culpa, del sentimiento de «mala madre», del dañino:

«Pero ¿por qué siento esto con mi segundo hijo y no fue así con el primero, ¿acaso lo quiero menos?» Ya sabes la respuesta, por supuesto que no. Deja de castigarte.

Que levante la mano la primera madre o el primer padre que no ha llegado en alguna ocasión al trabajo un lunes tras un agotador y desastroso fin de semana, contento y feliz de volver a sentarse en su silla.

Pues a mí me ha pasado y aún me pasa, y no tengo ningún problema en admitirlo. Hay fines de semana en familia deliciosos, inolvidables; domingos que no deseas que se acaben nunca en los que todo va sobre ruedas: los niños se han levantado un poquito más tarde de lo habitual, por lo que os han dado una tregua y habéis podido dormir un par de horas más, suficiente para recuperarse del cansancio de la semana. Además se han levantado contentos, que no siempre ocurre, y colaboradores, que tampoco pasa todos los días. Os habéis venido arriba y habéis decidido salir a comer. Se han portado aceptablemente bien, no han montado ningún numerito, os habéis divertido con un par de ataques de risa espontáneos que os cargan las pilas. Al volver a casa les habéis puesto una película, los astros se han alineado a vuestro favor y se han quedado dormidos en el sofá: ¡oportunidad de oro que nunca se ha de desperdiciar! Deliciosa siesta, sin prisas, con su aperitivo correspondiente que te endulza el día... Despertar apacible, sin gritos ni llantos infantiles, todo lo contrario, con un buen postre.

—¡Estamos que nos salimos, hoy, cariño! —te dice tu chico mientras te desnuda.

Y os levantáis como si os hubiese tocado la lotería, porque, cuando esto ocurre, realmente lo vivimos así: es un premio, ¿verdad?

Pero hay fines de semana en los que todo sale justamente al revés de como lo habías programado. O tú te has levantado con mal pie y todo te parece mal, o son los demás los que se empeñan en amargarte el día. Los niños se despiertan más temprano que nunca tras una noche toledana de múltiples llamadas y lloros. El desayuno a destiempo, cada uno por un lado. Llegan las doce de la mañana y ya estás tan cansada que no te apetece ni pensar en qué vais a comer y mucho menos en salir por ahí. Si decidís salir de casa, los niños se portan fatal en el restaurante, intentas arreglarlo con una buena y reparadora siesta, pero no hay manera, las interrupciones son tantas que al final desistes y te enfadas más aún... Total, que termina el día, te vas a la cama después de haber preparado la cena de mala gana y haber dejado a los niños sin cuento y lo único que deseas es que suene el despertador a la mañana siguiente para meterte en la ducha, arreglarte un poquito, montarte en tu coche, poner la música a tope y llegar a trabajar.

Entras por la oficina con una sonrisa de oreja a oreja, feliz y relajada, y curiosamente lo que piensan los demás al verte es: «Menudas siestas se ha echado este fin de semana. ¡Las hay con suerte!».

16

PUES A MÍ ME FUNCIONA

Menudas chorradas se tienen que escuchar.
Dirán lo que sea, pero yo he criado a tres niños
y a mí me funciona.

Os contaré tres películas que, aunque parezcan de ciencia ficción, no lo son.

Primera película

En el año 2014 fue publicado un documento de consenso por el Comité de Lactancia Materna de la Asociación Española de Pediatría y el Grupo de Trabajo de Muerte Súbita Infantil tras años de estudio donde determinan los factores de riesgo identificados en la muerte súbita del lactante.

He conocido a pocas familias que hayan pasado por ello, pero en todas las consecuencias personales y familiares han sido devastadoras. Entre los factores de riesgo claramente asociados a las muertes y conocidos desde hace ya más de una década, está el dormir boca abajo. De hecho, desde que se cambiaron las recomendaciones con respecto a la postura para dormir y se hicieron campañas animando a los padres a poner a sus hijos a dormir boca arriba, las muertes se redujeron casi un 40 por ciento.

Son datos contrastados, publicados por organismos oficiales y avalados por comités científicos nacionales e internacionales.

Pues bien, he sido testigo en no pocas ocasiones de comentarios tales como (cito textualmente):

—Menuda chorrada. Tengo tres hijos, los tres han dormido boca abajo y a ninguno le ha pasado nada.

—A ver si os ponéis de acuerdo, a saber qué tipo de intereses hay detrás de cambiar todo el rato las recomendaciones. Yo a mi hijo siempre le he puesto boca abajo porque dormía mejor y me ha funcionado. Dormía como un bendito.

—¿Sabré yo, que soy su madre, cómo duerme mejor mi hijo? Boca arriba llora, boca abajo duerme. No necesito nada más, para eso soy su madre.

—¡Hay que ver cómo se aburre la gente! Madres del mundo, poned a dormir a vuestros hijos como os dé la santa gana.

Segunda película

Hace unos meses una *instagrammer* de moda publicaba una foto de su hijo de no más de ocho meses con un collar de bolitas de ámbar popularmente conocido por aliviar las molestias dentales, cosa que no es cierta desde el punto de vista científico. Una compañera pediatra con muy buen criterio deja un comentario: «Ese tipo de collares están desaconsejados en los lactantes por riesgo de atragantamiento, estrangulamiento y asfixia».

Y no le faltaba razón.

«Efectivamente», pensé al leer su comentario, sabiendo de antemano la reacción en cadena que esa simple y certera recomendación generaría.

No me equivoqué. Los comentarios se multiplicaban por docenas. He aquí una pequeña muestra:

«¡Sí, claro! Le voy a poner yo a mi hijo algo que le pueda hacer daño, ¿no? ¿Crees que soy una mala madre? Lo he usado con mi bebé y ha dejado de quejarse de los dientes. ¡Funciona!»

«Tú dirás lo que quieras, pero a mí me funciona. ¿Estrangulamiento? Y yo soy tan tonta que no me doy cuenta, ¿no?»

«¡Qué tontería! Toda la vida se ha usado y claro que funciona. A mí, con mis hijos, me lo recomendaron mis amigas y fue mano de santo.»

«¡Podéis dejar a esta madre tranquila! ¡Que le ponga los collares que quiera! Si a ella le funciona, es suficiente.»

Había más de trescientos comentarios; tras leer una veintena de ellos, apagué el móvil y fui a darme un chapuzón en la piscina con mis hijos.

Tercera película

«¿Cuál es el mejor tacatá? El que no se usa» es lema de la Asociación Española de Pediatría en consonancia con la comunidad científica internacional, incluida Canadá, donde se ha prohibido su venta. ¿Por qué? Porque los estudios nos dicen que...

- *Entre un 12 y un 33 por ciento de los niños que utilizan un andador sufrirán un accidente.*
- *El riesgo de caerse por unas escaleras se multiplica por cuatro con respecto a los niños que no lo utilizan.*
- *Tienen el doble de riesgo de sufrir un traumatismo craneoencefálico y fracturas de brazos y piernas, y mayor riesgo de quemaduras e intoxicaciones.*

Debido al enorme interés que despiertan estos «juguetes» y la cantidad de preguntas que me hacen en la consulta con respecto a ellos, decidí escribir un artículo compartiendo con los demás los últimos estudios y las recomendaciones respecto a su uso. Mientras lo redactaba, sabía positivamente que levantaría un poco de revuelo, nunca imaginé el huracán que finalmente se formó. Los comentarios que leí me pusieron los pelos de punta.

«Este artículo es una tontería. De toda la vida de Dios se ha utilizado el tacatá y nunca ha pasado *na*», dijeron unos.

«Menuda bobada, he utilizado el tacatá con mi hija y lo volveré a utilizar con mi hijo. Les ha ayudado mucho y nunca se han caído. Además, yo sigo mi instinto y mi instinto me dice que les gusta y, como les gusta, lo seguirán utilizando», dijeron otros.

«Pues vaya chorrada. La culpa no es del tacatá, la culpa es de los irresponsables de sus padres, que no saben cuidar de sus hijos», dijo una madre muy osada.

Sé que el tener una pantalla delante da mucho juego para que la gente escriba lo que le viene en gana, aun faltando al respeto de quien lo lee, que en este caso soy yo y mis más de cien mil seguidores en redes sociales. Pero resulta que las cosas no funcionan así. La vida no va de esto. Al menos no la mía.

Antes de continuar, aclaremos algunos conceptos. **Cuando hablamos de evidencia científica no hablamos de experiencias personales.** Son ligas diferentes.

Yo os puedo contar mi experiencia con mi hijo cuando no quiere hacer los deberes, lo que me funciona y lo que no. Eso es experiencia personal. Incluso podría contaros lo que hago con los pacientes de mi consulta, lo que he encontrado útil y lo que no. Eso es experiencia profesional. Pero evidencia científica son palabras mayores. Ni es experiencia personal ni profesional: son conclusiones de grupos de expertos tras años de estudio y seguimiento no de tu hijo y del mío, no; ni siquiera de los niños de mi barrio o de mi ciudad, tampoco. Son los datos de miles de niños tras un complejo proceso analizando todas las variables disponibles que puedan afectar a los resultados. Eso es evidencia científica. ¿Es irrefutable la evidencia científica? Por supuesto que no, nosotros los médicos estamos muy acostumbrados a tener que ir adaptándonos y a veces cambiando nuestras recomendaciones en función de los últimos resultados tras años de investigación. A eso se le llama progreso. Pero, de ahí a poner en duda documentos de consenso y protocolos avalados por instituciones científicas porque «a mí me funciona», hay un peligroso y amenazante abismo.

«Este artículo es una tontería. Toda la vida de Dios se ha utilizado el tacatá y nunca ha pasado na.»

Sí y no. «Toda la vida de Dios se ha usado el tacatá», sí, así es. Pero «nunca ha pasado *na*», rotundamente, no. Sí pasa, lo que ocurre es que tú no lo has visto. Los accidentes llegan a los hospitales. Recordemos los datos: entre un 12 y un 33 por ciento de los niños que utilizan un andador sufrirán un accidente.

Conclusión: el hecho de que nosotros desde nuestra experiencia personal no lo hayamos visto no significa que no exista.

«Menuda bobada, he utilizado el tacatá con mi hija y lo volveré a utilizar con mi hijo. Les ha ayudado mucho y nunca se han caído. Además, yo sigo mi instinto y mi instinto me dice que les gusta, y como les gusta, lo seguirán utilizando.»

¿Crees de verdad que, con tu experiencia personal con tu hijo, incluso con tus sobrinos y con los hijos de tus cinco amigas, puedes extrapolar los resultados a los de los millones de niños que habitan en el mundo? ¿Lo crees de verdad? ¿Crees que en un tema tan serio como la seguridad infantil, cuando los datos son aplastantes y están avalados por comités científicos, cuando **los accidentes infantiles son la primera causa de mortalidad infantil,** uno se puede guiar por el instinto o por el «como a mi hijo le gusta, se lo doy»?

«Pues vaya chorrada. La culpa no es del tacatá, la culpa es de los irresponsables de sus padres, que no saben cuidar de sus hijos.»

Os confieso que este comentario logró ponerme mal cuerpo. Decidí no contestar, porque si algo he aprendido en estos años es a no enfrentarme inútilmente a nadie, no me gusta discutir. Sin embargo, ahora, tras unos meses y ya más calmada, a esta madre le diría, y **esto sí es experiencia personal...**

Cuando he visto a padres enloquecer tras perder a un hijo por un accidente infantil, cuando atiendo a familias enteras que llegan aterradas a un servicio de urgencias porque sus hijos se han caído por las escaleras, de la cama o del cambiador; cuando le ha golpeado un coche mientras estaban esperando en un paso de cebra y el niño se ha adelantado, o han sacado a su hijo del fondo de la piscina o de la bañera con apenas un palmo de agua; cuando el pequeño se ha quemado con la plancha, con la sopa de pollo o con el tubo de escape de una moto..., ¿sabes lo que han dicho todos los padres cuando han sido capaces de hablar? ¿Todos, sin excepción?

«Pero... si solo fue un segundo.»

Ya conocéis este maldito segundo. Un segundo es el tiempo en contestar una llamada, mirar simplemente el móvil, agacharte a coger una moneda que se ha caído al suelo, sacarte una motita de polvo que se te ha metido en el ojo, atarte los cordones, darte la vuelta para reñir al hermano... En fin, vivir.

Es más, cuando a cualquier padre o madre le preguntas qué es lo más grande de su vida, todos contestan: «Mi hijo».

Cuando vas más allá y los invitas a pedir un deseo, todos deseamos lo mismo: salud para nuestros hijos.

Cuando les preguntas si crees que son padres responsables, todos dicen que por supuesto, que darían su vida por sus hijos, como la daría yo ahora mismo por los míos, sin pensarlo y sin equipaje.

Pero la realidad es que «**las LESIONES constituyen la primera causa de muerte en la infancia en la Unión Europea. Son también la principal causa de dolor, sufrimiento y discapacidad que a lo largo de la vida pueden tener consecuencias graves sobre el desarrollo físico, psíquico y social**

del niño lesionado», dicho por la Asociación Española de Pediatría y su Comité de Seguridad y Prevención de Lesiones no Intencionadas en la Infancia.

Y esto es una realidad.

Nosotros, los padres, disponemos de la información y somos nosotros los que tomamos las decisiones por nuestros hijos hasta que ellos sean capaces de tomarlas por sí mismos. En nuestra mano está asumir o no los riesgos y sus consecuencias. Y eso sí es nuestra responsabilidad.

17

LA MATERNIDAD Y EL SEXO
Pero ¿quién se ha inventado que a las mujeres no les interesa el sexo?

¿A alguien le ha pasado por la cabeza alguna vez
que un hombre, al convertirse en padre,
pierda interés por el sexo?

¿De dónde ha salido esta falsa creencia? ¿Quién se ha encargado de colgarnos ese cartel? ¿Quién trata de eliminar el sexo de nuestras vidas? ¿Quién ha conseguido convencer a medio mundo de tal mentira y al mismo tiempo ha logrado que las mujeres que disfrutan libre y sanamente del sexo puedan llegar a sentirse cohibidas o inhibidas?

¿Habrá algo más saludable, liberador y revitalizante que el buen sexo?

Somos madres, cierto, pero recuerda que antes de madre eras mujer, nada más y nada menos. Y ellos ahora son padres, ¿no? ¿A alguien se le ha pasado por la cabeza alguna vez que un hombre cuando se convierte en padre pierda interés por el sexo? Perdonad que me ría...

Una escucha tantas cosas que hubo un tiempo en el que pensé que la rara era yo, pero no, afortunadamente llega una edad en la que las mujeres empezamos a hablar, a compartir experiencias, a reírnos de nosotras mismas y, por supuesto, a sentirnos reconocidas como grupo.

Ayer mismo pasé la tarde con una amiga, las dos solas. Ella, unos años mayor que yo, ha superado ya los cuarenta. Me confesaba que se sentía sexualmente más activa que nunca, que sin ninguna duda estaba en su mejor momento. Bromeamos de nuestra juventud, de nuestras primeras experiencias, y al echar la vista atrás y ver el «antes» y el «después» las dos llegamos a la conclusión de que, con unas arruguitas de más (pocas, todo sea dicho) y un cuerpo menos turgente que a los veinte, somos mucho más atractivas ahora.

¿Y sabéis qué os digo? Que con que nosotras lo pensemos basta y sobra.

No sé muy bien por qué en los primeros años de la maternidad las mujeres no hablan de sexo, parece que, si hablas de algo no relacionado con tu maternidad, eres una mala madre. La marca de leche, las vacunas, las fiebres, los hoteles familiares y los restaurantes con juegos infantiles acaparan todas las conversaciones.

¡Ay, lo que me reí yo ayer con mi amiga hablando de sexo! Pues sí. Creo que no mencioné a mis hijos ni una sola vez. Los hombres también hablan de sexo, por supuesto que lo hacen, ya lo sabemos, y bien que hacen. ¿No os parece?

A las mujeres nos gusta el sexo tanto como a los hombres, de nuevo hablemos claro. Y ahora, maticemos.

Para mí, el sexo empieza en esa primera mirada en la que de pronto salta una chispa que te anuncia que ahí, justamente ahí, hay algo más. Y no te equivocas. Y decides explorar... Son miradas magnéticas, unas veces esquivas, otras descaradas, pero todas ellas llenas de atracción y deseo.

O quizá en un mensaje de móvil, o un *e-mail* con el que a pesar de haber recibido muchos, súbitamente con ese, el corazón te da un vuelco, se acelera, tragas saliva y piensas: «WARNING! WARNING!». Y durante unos segundos te quedas mirando fijamente a la pantalla y lo lees, y lo vuelves a leer y entonces tu cabeza empieza a volar, tu mente te lleva a otro lugar y durante ese brevísimo espacio de tiempo deseas con todas tus fuerzas estar ahí.

Para mí, el sexo continúa en esa búsqueda por estar con él, o al menos cerca. En ese olor al darle un abrazo, dos besos o un solo beso bien dado. Los olores..., me declaro adicta a los olores. Ahí también hay mucho sexo.

El sexo empieza en ese momento en el que te sorprendes a ti misma fantaseando y no solo fantaseando, sino también disfrutando. En ese instante, tienes dos posibilidades: censurarte o darte permiso para soñar, para volar y, por supuesto, darte permiso para sentir.

El sexo empieza cuando eliges la ropa interior que te vas a poner. Cuando abres el cajón y no terminas de encontrar lo que te gusta y sales corriendo del trabajo para comprarte algo especial y, mientras tú estás en el probador, él se pasea alegre y lentamente por tu mente.

En una ocasión una amiga me confesaba entre risas:

—No sé para qué me gasto este dineral en lencería, si con lo que me va a durar puesta...

Pues es importante, lo es. Para ella porque le hace sentirse tremendamente *sexy* y para él porque una bonita y sensual lencería es éxito asegurado; aunque dure poco en el cuerpo, es un deleite para los sentidos, los suyos y los tuyos.

Porque así es como se vive el sexo, con los cinco sentidos.

La vista: quizá sobrevalorada con respecto a los demás sentidos, pero también importante. Lo que ves te ha de gustar, te ha de encantar. Al verlo has de desear dar un paso más, aunque sea pequeño.

El gusto: empezando por un buen beso, ¿cuánto de sexo hay ahí? Todo el que estés dispuesta a descubrir, hasta donde te lleve.

El olfato: el olor de un abrazo, de una piel desnuda, de un cuerpo recién salido de la ducha, el olor a café recién hecho las mañanas de domingo cuando él se ha levantado antes que tú y decide prepararte el desayuno, el olor que permanece impregnado en las sábanas tras una noche de desenfreno.

El tacto: las caricias. Las furtivas, las explícitas, las descaradas, las tímidas, las inocentes, las atrevidas, las robadas, las urgentes..., todas.

Y el sentido auditivo: lo que escuchamos es sexo en estado puro y si lo hacemos con los ojos cerrados, sin interferencias, aún más. Escuchar cómo su respiración se va acelerando bajo tus manos, bajo tu boca o simplemente con tu presencia. Escuchar un suspiro, un susurro, un secreto inconfesable, cautivo durante mucho tiempo, de esos que solo se dicen al oído; escuchar un gemido, o dos o tres...

Y ahora leeréis esto y diréis: «Sí, claro, muy bonito, pero es que, entre el trabajo, los niños, la casa, los madrugones..., una termina agotada; y a él le pasa igual, se duerme en el sofá». Lo he escuchado tantas veces. Y es cierto. Absolutamente cierto.

Pero es temporal, o al menos ha de serlo. Por eso hay que hacer un esfuerzo. Al principio es un esfuerzo, luego evidentemente es un placer.

A uno no se le olvida comer, ni se le olvida echar gasolina, ni se le olvida dormir, ¿verdad? Pues el sexo tampoco se nos debería olvidar.

Una pareja sin sexo está incompleta; de hecho, cuando el sexo empieza a escasear, no solo los cuerpos se separan, sino también sus almas, e inevitablemente nos distanciamos. No hay que darle más importancia que a otras cosas en la relación de pareja, pero tampoco menos. Sería el principio del fin.

Los primeros años tras el nacimiento de un hijo son muy complicados y agotadores. Nuestra vida da un giro de ciento ochenta grados, nos ha puesto del revés y no siempre estamos preparados para ello. Esta nueva realidad nos coloca a todos en otra parte del tablero y tenemos que empezar a jugar otra vez, a reconocer el terreno que pisamos y a buscarnos de nuevo.

Qué importante es hacer ese pequeño esfuerzo al principio para encontrar momentos de calidad en pareja, sin niños y bien cerca. Porque el sexo une y su ausencia separa.

Qué importantes son las caricias y cuánto unen. Mi historia de amor con Javi empezó con una caricia furtiva y robada en un momento que no esperaba. Sí, ese fue el inicio, ese fue el chispazo. Una caricia que me sacudió. Y podía no haber sentido nada y podía no haber significado nada, pero mi cuerpo habló antes que mis labios, mi piel se erizó, me delató y me desarmó. No dije nada. No hice nada. Ya estaba todo hecho y dicho. Y en esa caricia había mucho sexo, sin duda, y mucho deseo, y, por supuesto, y aún sin saberlo, mucho amor.

—No te enamores de mí —le supliqué.
—Demasiado tarde —sentenció.

Cuesta trabajo encontrar los momentos cuando las obligaciones del día nos aplastan, pero tenemos que poner de nuestra parte, tenemos que favorecer las cosas, tenemos que pensar en ello.

Si no pensamos en ello, ¿cómo va a ocurrir?

Programar una tarde a la semana o cada quince días para disfrutar en exclusiva de la pareja es uno de los hábitos más saludables que podéis tener. En *Lo mejor de nuestras vidas* os lo contaba: los *miércoles del amor,* los llaman mis amigas.

Miércoles tarde: no hay reuniones, no hay trabajo, no hay compromisos ni deberes de los niños. Los miércoles por la tarde son exclusivamente nuestros. Elegimos un sitio para tomar unas tapas, tomarnos una caña, dar un paseo, ir al cine o simplemente ponernos al día de todo lo que en ocasiones, con el ritmo frenético de la semana, no alcanzamos a compartir. Y tenemos un acuerdo pactado por ambas partes: si por causa mayor el miércoles por la tarde está ocupado por un plan que no se puede mover, nos comprometemos a cambiarlo por el martes o por el jueves de esa misma semana. Y esto, señores, es sagrado.

Porque, si lo piensas, tenemos más oportunidades de las que creemos: sé traviesa, vuelve a tu juventud, alguna locura harías, ¿no? Busca una siesta de domingo mientras los niños duermen o juegan. ¿Y esas noches? Una noche cualquiera, entre semana, la que sea; de pronto, a las tres de la madrugada te despiertan con un ansia imparable e imposible de contener, imposible de retener, imposible dejarla pasar. Y hacéis el amor silenciosa o salvajemente, da igual, lo que vosotros decidáis. En el sexo no hay reglas y si las hay irán cambiando, porque vosotros cambiaréis, porque la vida cambia y porque todo está en continuo movimiento.

Porque todo se puede hablar y acordar. Porque antes de llegar al desgaste has de moverte. Reserva una noche de hotel, aunque sea en tu misma ciudad. ¿Qué tienen los hoteles que despiertan la libido y la provocan? Una cena, un buen vino y no salgas de la habitación, como en los viejos tiempos, borrachos de deseo desparramando pasión y locura. Al día siguiente, al bajar a desayunar os sentiréis diferentes, renovados, especiales y, sobre todo, unidos.

Tengo unos amigos que cada tres o cuatro meses lo hacen, logran colocar a sus tres hijos entre los cuatro abuelos y se van. Reservan en un gran hotel que hay en el centro de la ciudad y pasan allí una noche. En una ocasión les dije:

—Pero, hombre, ¿por qué no cogéis el coche y os vais aunque sea a Altea y cambiáis de aires?

La respuesta fue sencilla, clara y directa:

—Porque nos encanta este hotel y porque no salimos de la habitación.

Y no hay más que decir.

Porque qué bonito es amanecer en un hotel tras una noche sin despertares de lloros, sin tener encendido el radar por si ocurre algo, sin ni siquiera los ruidos habituales de los vecinos.

Porque qué bien sienta dormir desnudo en unas sábanas ajenas tras haberte vaciado total y enteramente.

Porque qué placer más grande despertarte sedienta y hambrienta al día siguiente y beberte un refrescante zumo de naranja recién exprimido mientras se tuesta el pan.

Y cuando atravesáis la puerta al llegar a casa, cogidos de la mano, agotando los últimos minutos antes de volver a la realidad, recogiendo y saboreando algún beso que se ha quedado por ahí perdido y os reciben los niños dando saltos de alegría y arrojándose a vuestros brazos, comprobáis cómo, aunque vosotros no estéis, las cosas funcionan igual de bien. En ese momento, os miráis y decís:

—¡Ha merecido la pena! ¡Tenemos que repetir!

Qué sensación la de salir unas horas de casa, dejar allí la mochila de madre responsable, despojarte de todas las obligaciones y dejarte llevar única y exclusivamente por tu deseo de sentirte libre.

Y no, no por ello eres peor madre, en absoluto, eres una madre maravillosa que cuida de su familia, que cuida de su pareja, que cuida de sí misma y que necesita el sexo en su vida para sentirse viva.

18

TENGO MIEDO

Si la gente escuchara más nuestros suspiros
y menos nuestras palabras.

Lunes por la mañana, llego a la consulta, enciendo el ordenador y empiezo a leer el largo listado de pacientes que tengo por delante. Los apellidos del primer niño que está citado me suenan mucho, sin embargo no soy capaz de ponerle cara. Entro en su historia clínica y compruebo que está vacía. Me pongo la bata, salgo a la salita de espera y allí la veo, sentada, con un bebé en brazos. Sus ojos azules y su tímida sonrisa me llevan hasta Benidorm, donde conocí a esta mamá. Habían pasado cinco años.

—Hola. ¡Qué sorpresa! ¡Cuánto tiempo! ¿Cómo estás? Ya veo que has tenido otro bebé —le dije, feliz de reencontrarme con ella.

—Sí, cierto, ha pasado mucho tiempo. Mira, al final me he animado y he tenido otro —me contestó con una sonrisa forzada y una mirada que navegaba por unas aguas demasiado frías y oscuras.

Lo capté al instante. Mi sexto sentido se encendió. Algo pasa. Disimulé. Aparqué las sensaciones y le pedí que se sentara. Empezamos a hablar del embarazo, del parto, de la lactancia materna... Poco a poco fui recogiendo todos los datos que me hacían falta para completar su historia clínica. Y, mientras tecleaba en el ordenador, escuchaba sus suspiros casi inaudibles; digo casi, porque yo los oía.

Si los suspiros hablasen, ¿verdad?

Si la gente escuchara más nuestros suspiros y menos nuestras palabras.

Porque los suspiros hablan más alto, más claro y más fuerte que las palabras. Porque los suspiros no se fingen, son involuntarios, no pasan por nuestro cerebro lógico y autocontrolado. Los suspiros salen de dentro, de abajo, de la garganta, del corazón, del estómago, de nuestras entrañas... Y no mienten. Suspiramos de alegría, de felicidad, de emoción, de pena, de tristeza, de amor, de desamor, de placer..., y todos ellos son genuinos y traicioneros. Se escapan de cualquier filtro racional.

Tras realizar una detallada historia clínica donde recabé información que resultó reveladora de su entorno más cercano, empecé a darle forma a sus suspiros contenidos.

Exploré a su bebé minuciosamente. Su sonrisa, sus piernas rollizas y su corazón latiendo con fuerza mostraban a un niño sano y feliz. Su madre se mordía las uñas mientras yo la miraba por el rabillo del ojo.

—Vamos a ver cómo estás de fuerte. A ver esos reflejos —le dije al bebé segundos antes de explorar su desarrollo psicomotor.

La mamá llevaba un pañuelo al cuello. De pronto parecía que alguien se lo estuviese apretando por detrás cada vez con más fuerza. Comprobé cómo empezó a tocárselo en un intento de aflojárselo, de liberar la presión que literalmente la estaba ahogando. Lenguaje no verbal. Sus pensamientos la asfixiaban. Cuando ya estábamos a punto de dar por terminada su primera revisión, me lancé, y en un instante en el que finalmente me miró a los ojos firme y valientemente le dije:

—¿Cuál es el problema?

No me dio opción a continuar. Sus manos se echaron a la cara para recoger un mar de lágrimas. Me emocioné. Me levanté de la silla, fui hacia ella y le puse la mano sobre su hombro cargado, aplastado y casi devorado por sus fantasmas.

—Tengo miedo —logró decir entre suspiros...

Tenía miedo porque su sobrino había nacido con graves problemas y llevaban años luchando para poder celebrar pequeños avances en su desarrollo.

Tenía miedo porque el miedo es libre, porque aunque lo racionalicemos, cuando se presenta, se apodera de nuestra razón.

Porque en una mujer tan sensible como lo era ella, cualquier circunstancia le hacía conectar con una realidad cercana dolorosa y cargada de lucha. Porque todas aquellas dificultades con las que se había encontrado para conseguir una simple sonrisa de ese niño especial las proyectaba en su propio bebé. Porque la sola idea de que su hijo pudiese tener la misma enfermedad la paralizaba, la aterraba y la mataba en vida.

—Lucía, llevo años estimulando a mi sobrino. Llevo años trabajando con él para hacerle sonreír, para lograr que siga un objeto con la mirada, para fortalecer sus frágiles músculos y verle gatear. Años me llevó verle dar sus primeros pasos o pronunciar sus primeras palabras. Y ahora no puedo evitar hacer lo mismo con mi propio hijo —me confesó.

—Mira, cielo, tu labor ahora no es conseguir una sonrisa a toda costa de tu hijo. Tu labor no consiste en llevarle a programas de estimulación temprana, ni siquiera en comprarle juguetes para mejorar su desarrollo motor y cognitivo. Tu labor no es hacer una tabla de ejercicios diarios. No, no lo es. Olvídate de todo eso. Olvídate de apuntar cosas. Olvídate de vigilar si a los dos meses sigue con la mirada, si a los cuatro meses sujeta la cabeza o a los seis ya se sienta solito. Yo me encargo de eso.

—¿Y entonces? ¿Qué hago? —me preguntó confusa.

—¿Qué haces? Ejercer de madre —sentencié.

En ese momento recibí un abrazo inesperado con un suspiro profundo en mi oído que sonaba a descanso, a fin, a «se acabó, por fin me voy a liberar».

La maternidad y el miedo, sobre todo al principio. Miedo a que las cosas no salgan como esperabas, miedo a que le ocurra algo a tu hijo, miedo a no estar a la altura, a no hacerlo bien, miedo a la enfermedad. No te permitas criar a tus hijos desde el miedo, harás de ellos niños temerosos e inseguros y eso no es lo que quieres.

Cuando tuve a mi primer hijo y me incorporé a trabajar exactamente en la semana 16, me aterrorizaba el pensar que le pudiera pasar algo en mi ausencia. En las largas veinticuatro horas de guardia veía tantas cosas que no podía evitar proyectar todo lo vivido en mi propia maternidad.

Lactante de ocho meses traído en brazos de unos padres aterrados. El niño se ha caído del cambiador. Diagnóstico: traumatismo craneoencefálico con hematoma epidural. Pasadas las primeras horas de carreras, pruebas, llamadas de teléfono y trabajo en equipo, una vez estabilizado, ingresado y a salvo, viene el bajón. Tras mantener un nivel máximo de concentración en lo que estaba haciendo y actuar como la profesional que era, busco una esquina cualquiera del hospital y llamo a casa. Solo necesitaba una cosa, oír su risa a lo lejos mientras le decía a su padre:

—Cuidado con el cambiador. No le quites ojo. Siempre con tu mano sobre su barriguita. —Y me quedaba tranquila.

Ingresaba un niño de la edad de mi hijo con una bronquiolitis de diez horas de evolución y no podía evitar pensar: «Llevo fuera de casa veinticuatro horas, perfectamente podría llegar ahora a casa y encontrarme a mi bebé con la dificultad respiratoria que tiene este niño ahora mismo. Ayer tenía algo de mocos, a ver si ha empeorado por la noche...».

Llegaba a urgencias un accidente de tráfico donde se habían visto implicados dos niños y de nuevo descolgaba el teléfono:

—Cariño, que no se te olvide ajustar bien las correas del coche cuando vayas a hacer la compra, ¿vale?

Y entonces comprendí, asumí, que todo esto estaba en el cargo de ser madre. No estaba paranoica, no.

Con los años descubrí que no estamos locas, no. Que mis miedos eran los de cientos de madres y de padres en mis mismas circunstancias. Que no somos tan diferentes, que nuestra esencia de madre, de padre, es muy parecida, y tomé conciencia de que mis hijos no necesitaban a una «controladora» en casa, ni siquiera necesitaban a una pediatra.

Mis hijos no necesitan una pediatra en su vida; mis pacientes, sí; mis hijos, no. No necesitan a una médico, ni a una escritora, ni a una conferenciante («¿qué es eso de conferenciante?», me preguntó mi hija antes de ayer). No necesitan a una madre que les calcule los percentiles cada mes, ni que les dé lecciones sobre el manejo de la fiebre.

Mis hijos necesitan a una mamá que, si están malitos, los cuide y los bese mucho, que les rasque la espalda y les lea cuentos.

Necesitan a una madre que de vez en cuando se enfade, que marque unos límites claros, firmes y adaptados a su edad, que les ayude a desarrollarse con confianza y seguridad para hacer de ellos personas autónomas, empáticas, decididas, respetuosas y seguras de sí mismas.

Necesitan a una madre que, como ellos, camine descalza por casa, que los despierte por las mañanas con un beso, que los acueste con una guerra de cosquillas...

Mis hijos necesitan a una madre de carne y hueso que no sabe cocinar, aunque según ellos hago los espaguetis más ricos del mundo. Necesitan a una madre que, si se equivoca, pedirá perdón; que, si grita, se arrepentirá y buscará una solución. Necesitan a una madre que les traiga la merienda al cole, que les ayude con los deberes. Mis hijos necesitan un hombro donde llorar sus aún inocentes y vírgenes lágrimas, sin juicios ni lecciones. Necesitan a una mamá que vele su sueño en sus noches febriles. Necesitan de unas manos que recojan sus trocitos cuando alguien les ha fallado profundamente. Necesitan de ese apoyo incondicional, de ese amor firme e inquebrantable que una madre o un padre les puede dar.

Una madre que a veces llora, ¿por qué no? Que a veces llora sus penas, una madre real que está nerviosa antes de un día importante. Una madre que, aunque la mayor parte del día sea como un faro en mitad de la noche iluminando su rumbo, a veces sea ella quien amanece perdida.

Necesitan de una madre optimista, soñadora, risueña y cantarina que convierta la cocina en una improvisada pista de baile. Que cante tenedor en mano mientras ellos hacen los coros. Necesitan a una madre que se suba con ellos a los columpios ante la mirada atónita de alguna abuela que espera un desastre. Necesitan a una mamá sin miedo, cuerda y firme, pero alegre y alocada en esos momentos elegidos.

Eso es lo que necesitan, a una madre, con sus defectos y sus virtudes, pero a una madre al fin y al cabo.

19

EL TIMO DE LA CONCILIACIÓN LABORAL

¿Tú pides permiso para respirar?
Pues yo, para ser madre, tampoco.

Querida hija:

Te escribo esta carta, hoy, día 29 de agosto de 2016, con la romántica idea de que algún día, dentro de muchos años, la leerás. Son las dos de la madrugada, acabo de pasar por delante de tu habitación y tu respirar tranquilo me dice que estás sumida en un profundo y reparador sueño.

Sueña, cariño, sueña bonito; a tus siete insaciables años no debes hacer otra cosa que soñar, jugar y ser feliz. De lo demás, de momento, nos encargamos nosotros. ¿Y por qué estoy despierta a estas horas? Porque tu hermano está enfermo, las pesadillas y sus delirios febriles le impiden descansar, así que aquí me tienes con el portátil en mano, intentando teclear lo más flojito que puedo para no despertar su frágil sueño. ¿Sabes qué? Justo antes de caer dormido, exhausto de tanto vomitar, me dijo:

—Mamá, no vayas mañana al trabajo. Te necesito.

Y ese «te necesito» me abrió viejas heridas. Vosotros me necesitáis y yo necesito veros bien y felices a vosotros dos. Mis pacientes me necesitan y yo, en cierto modo, también los necesito a ellos. Me encanta mi trabajo. Adoro mi profesión.

A pesar de todo, mañana es un día de no ir a trabajar, es un día de quedarme a cuidar de Carlos. ¿Qué sentido tiene que yo esté fuera de casa cuidando de otros niños y que tenga que venir una persona a cuidar de vosotros? Mañana es un día de descansar tras una larga noche en vela, de cargar pilas, de colmar de mimos y cuidados a tu hermano y de comprobar de primera mano que esto es el inicio de una viriasis sin mayor importancia y de este modo espantar los fantasmas de las terribles enfermedades con las que en ocasiones me toca lidiar. En definitiva, mañana es un día para conciliar.

«¿Qué es *conciliar*?», me preguntarías si estuvieses leyéndome ahora mismo. *Conciliar* es una palabra que nunca debería haber existido, cariño. Hay determinadas circunstancias que no deberían requerir el permiso de nadie para llevarse a cabo. Covi, llegado el momento, recuerda estas palabras...

¿Tú pides permiso para respirar?
Pues yo para ser madre, tampoco.

Tu maternidad es tuya, te pertenece. Escúchame bien, cielo, que nada ni nadie te diga cómo ni cuándo. Tú decides. Ahora o después, pero en tu mano está, mi amor.

Te contaré algo. Cuando terminé mi formación de médico residente en pediatría, tu hermano ya estaba en mi vida. Fue un niño buscado y deseado a pesar de los muchos inconvenientes que existían a nuestro alrededor al tener dos papás con altas exigencias laborales y sin ayuda familiar ninguna. Pero ¿sabes qué? Tanto tu padre como yo lo tuvimos claro, queríamos empezar a formar una familia pronto.

El primer contrato laboral al que me tuve que enfrentar tras cuatro años de hospital llevaba impuestas cuatro o cinco guardias de veinticuatro horas.

—A ver si lo he entendido bien —les dije—. ¿Veinticuatro horas sin descanso bajo el techo de un hospital y... conciliar? No, señores, me niego a dejar pasar los mejores años de mi vida y de la de mi hijo trabajando de sol a sol. ¿Matarme a trabajar para pagar a otra persona que les dé el desayuno, los lleve al parque y los consuele en sus días febriles? No, gracias.

En aquel entonces yo era la rara, ¿sabes, cariño?

—Los médicos hacen guardias de veinticuatro horas. Esta es la profesión que has elegido —me repetían unos y otros como un mantra.

«Qué malo es asumir algo anormal como normal», pensaba yo, sin intención ninguna de resignarme ni de dejarme llevar por la marea.

—No, señores, yo no trabajo cincuenta horas semanales; se lo agradezco, pero no.

Y busqué otro lugar que me permitiera *conciliar*. De nuevo esta palabra. **Otro lugar que me permitiera, como madre, respirar.** Tras unos cuantos años de «tranquilidad laboral» por parte de mis jefes, mis condiciones cambiaron:

—Eres muy valiosa —me dijeron ellos, los gerentes.

Lo que no me dijeron fue: «Y por eso queremos mucho más de ti».

¿Doce horas seguidas con más de una hora de trayecto en coche y conciliar? ¿Salir de casa cuando aún dormís y llegar cuando ya estáis soñando? No, señores, yo no renuncio a ver crecer a mis hijos, como dice el eslogan del famoso Club de Malasmadres.

Había probado durante cuatro años las guardias de veinticuatro horas; en esa ocasión no me quedó otra que probar las quince jornadas mensuales de doce horas. Tras diez meses escasos, renuncié. Pero renuncié a ellos, nunca a vosotros. Llegó un momento en el que ni tu padre ni yo llevábamos las riendas de la casa; en el que comprobé que los días iban pasando, los recados se iban transmitiendo y las tareas se iban haciendo, pero no me sentía partícipe. Habíamos entrado en una espiral de «te toca», «me toca», «le toca a la cuidadora» en la que vosotros, ajenos a ese ritmo frenético, ibais cumpliendo meses. Me planté y renuncié, renuncié a ese horario *matapersonas* y *matafamilias*.

¿Y qué tuve que hacer para conciliar? Emprender.

«¿Y qué significa *emprender*?», me preguntarías. *Emprender* significa arriesgar, luchar, pelear y, sobre todo, marcarse un objetivo claro, tan claro como el ser madre, tan claro como el respirar. *Emprender* significa buscar tu libertad. Recuerda esta palabra, cariño: *libertad*.

¿Y por qué todo esto? Porque adoro mi trabajo, porque me hace feliz, porque soy buena y porque valgo para ello. Porque además, mi cielo, YO NO RENUNCIO A MI PROFESIÓN, tampoco. Soy madre antes que nada, pero a continuación soy pediatra, profesión que me ha costado muchos años de estudio, sacrificio y esfuerzo, y no pienso tirar la toalla.

Y me hice autónoma. Ser autónomo tiene muchas desventajas, de momento..., pero tiene una grandísima ventaja: tú decides cuándo y cómo. De nuevo la palabra mágica: *libertad*.

Y me convertí en una «mamá leona»: dócil, mansa, tranquila, observadora y hasta bonita incluso, pero si alguien o algo osa alterar lo más mínimo la felicidad y el bienestar de sus crías, se encontrará con el más descarnado, implacable y feroz de los animales.

Así que tras largos años de estudio y más de una década de profesión te diré algo más, hija mía: estudia, especialízate, investiga, observa, emprende, fórmate, busca la excelencia en lo que haces. Disfruta de tu trabajo, conviértelo en tu pasión y esmérate en dar lo mejor de ti misma. ¿Sabes por qué es tan importante? Porque esto, esta sabiduría, este aprendizaje, estos conocimientos y experiencias te los llevarás contigo siempre y, nuevamente, cariño, ¡te harán libre!

Y te diré algo más, Covi: cuando termines tu formación, la que tú hayas elegido, te sentirás algo importante. Creerás estar en la cresta de la ola. Tu juventud y tus conocimientos te harán creer que sabrás más que muchos. No subestimes a tu entorno, no juzgues, tienes muchas posibilidades de equivocarte. Recuerda que quizá sepas mucho, pero te faltará lo más importante, que es la experiencia. Escucha a tus mayores, a tus veteranos, no entres atacando, quizá no lean tanto como lees tú en ese momento, pero no olvides que lo han hecho y que sobre sus espaldas recaen años y años de profesión en los que se han encontrado con todo aquello que no hallarás en ningún libro ni artículo. Solo eso ya tiene un valor inmenso, aprovéchalo, es la voz de la experiencia, escúchala. Respeta, mi cielo, respeta a tus mayores. Escucha atentamente todo lo que tengan que decir, memoriza sus palabras y si no encajan con lo aprendido busca respuestas en otras fuentes. Aprenderás mucho de ellos, desarrollarás tu sentido crítico y crecerás como profesional y como persona, sin límites, sin fin.

No dependas de nadie, no lo hagas. No renuncies a tu profesión soñada por nada ni por nadie; por nada ni por nadie renuncies a tu maternidad anhelada.

Es tu vida, es tu maternidad y es tu profesión, todas ellas insustituibles por nadie que no seas tú misma.

Y con esto termino, no quiero que el sonido del teclado del ordenador despierte a tu hermano.

Ojalá, cariño, cuando tengas capacidad de entender esto que aquí te escribo, ojalá cuando entres en el feroz mercado laboral, la palabra *conciliación* no exista en tu vocabulario habitual. Ojalá estos pequeños pasos que parece que se están empezando a dar en nuestra sociedad actual hayan hecho historia, y esto que aquí hoy te cuento no sea más que eso... Historia.

Te quiere,

Mamá (leona)

20

AMAR POR CONVICCIÓN Y NO POR NECESIDAD

«No me interesa que me quieras *mucho*,
sino que me quieras *bien* y cada día mejor.»
Walter Riso

—¿Cómo te quiero tanto? —le dijo él mientras le apartaba un rebelde mechón de flequillo y le colocaba el pendiente de su oreja izquierda, que se resistía a mirar al frente.

—No lo sé. Dímelo tú —le respondió Virginia con una sonrisa infantil y parpadeando rápidamente al estilo mariposa.

Tras besarla dulcemente y a pesar de llevar juntos unos años, le preguntó:

—¿Por qué yo?

—¿De verdad quieres saberlo? —contestó ella desafiante.

Por un instante se asustó, no estaba seguro de querer oír la respuesta. Estaba profundamente enamorado de aquella mujer. Había tardado en llegar, pero, tras su primer ataque de risa juntos y aquel primer beso con sabor a bienvenida, lo tuvo claro. «Es la mujer de mi vida», pensó. Así que cuando ella le retó a saber por qué él y no otro, no estaba seguro de querer conocer la respuesta. Aun así, supo que estaba en un punto sin retorno, que la huida no estaba entre sus opciones. Cogió aire y dijo:

—Sí. Quiero saberlo.

Entonces Virginia le miró fijamente a los ojos, como hacen los valientes y contestó:

—He decidido emprender este viaje a tu lado porque te quiero, porque me gustas, porque sumas en mi vida, porque me llenas de paz, porque yo te he elegido para mí, porque soy más feliz desde que te conozco y desde que me despierto a tu lado. **Te quiero porque te quiero, no porque te necesito.**

—¿No me necesitas? —contestó un tanto decepcionado, tratando de disimularlo sin demasiado éxito.

—No, no te necesito para ser feliz. «**La necesidad te esclaviza, la preferencia te libera**», dice Walter Riso. Y así es. Queriéndote de este modo soy más feliz aún, más libre. Quiero estar a tu lado, pero sin necesitarte. No creo en las medias naranjas.

—Sí, ya sé lo de que somos naranjas enteras cada uno de nosotros.

—Eso es. Naranjas enteras y completas por nosotros mismos, sin necesidad de sentirnos a falta de algo si no tenemos a alguien a nuestro lado. Y esta maravillosa manera de querer es grandiosa, ¿sabes?

—¿Sí? —contestó él.

—Sí. Te quiero por lo que eres, por lo que sumas en mi vida y en mi sentir. Es más, me gustaría que me quisieras de esta misma forma: todo tú, pero sin perder un ápice de tu ser por el camino. **Quiero que me quieras, sin necesitarme para ser feliz.** No quiero que dependas de mí, no quiero esa responsabilidad sobre mis hombros. Tú por ti mismo eres un hombre excepcional y grande, por méritos propios. No necesitas sentirte completo con ninguna mujer. Quiero que conmigo sumes y sumes, sin límites.

De pronto, sintió un deseo incontenible de hacerle el amor, probablemente como nunca lo había hecho hasta entonces con ninguna de las mujeres que habían pasado por su vida.

Jamás antes le había hablado así una mujer. Por eso se había enamorado perdidamente de ella. En ese instante descubrió que de ella nunca escucharía un «sin ti me moriría» o un «¿qué sería de mi vida si tú no estás?» o «hago lo que me pidas, lo que tú quieras soy». No. Tampoco le cantaría al oído el «No puedo vivir sin ti» de Coque Malla, ni la vería llorar por las esquinas anhelando un amor perdido si su historia no funcionaba. Y no es que fuera una mujer fría y calculadora; todo lo contrario: era entusiasta y pasional, ardiente e intensa. Era una mujer que estaba viva, muy viva, que no se conformaba con cualquier cosa, que buscaba la excelencia en todo lo que tocaba, pero que, por encima de todo y de todos, tenía un profundo respeto hacia su persona, hacia sí misma, hacia su libertad y hacia su felicidad, y eso la convertía en una mujer completa.

Aquella noche hicieron el amor como él había imaginado, de la única manera que se puede hacer con una mujer así.

A la mañana siguiente, Virginia recogía a su hija adolescente de un campamento de verano. Contaba las horas, los minutos y hasta los segundos para volver a verla, abrazarla y olerla en busca de algún resquicio de la niña que fue. ¡Cuánto añoraba aquella época infantil! Todo el mundo le había dicho que disfrutara de la infancia de sus hijos, que pasaba volando, y eso había hecho, intensa y plenamente, pero aun así le parecía que había pasado tan rápido, tan tan rápido que cada vez que lo pensaba la emoción la embargaba y la voz le temblaba.

Cuando vio bajar el cuerpo esbelto de su hija por las escaleras del autobús, pensó: «Ya es toda una mujer».

Y no se equivocaba. Ya era toda una mujer, con cuerpo de mujer y un corazón de mujer hecho añicos, aunque su madre aún no lo sabía.

Se fundieron en un abrazo eterno que puso en alerta a su sabia madre.

«Aprieta muy fuerte. Le pasa algo», pensó tras escuchar a su sexto sentido.

Así era. Una vez en casa y con una taza de Cola Cao en mano, rompió en llanto. Dejó que ahogara las primeras lágrimas en el silencio de la cocina, acariciando sus manos y esperando pacientemente unas palabras que acallaran los miedos y fantasmas de una madre. Al fin habló:

—Mamá, las cosas no van bien con Toni.

Toni era su novio desde hacía no más de seis o siete meses. Una pequeñez en el mundo de una mujer madura y una eternidad en la vida de una chica de diecisiete años.

—¿Qué ha pasado, cariño? —le preguntó su madre con toda la dulzura que merecía esa situación.

—Pues que ayer era nuestra última noche en el campamento y después de dar un paseo por la playa y ver las estrellas y..., bueno, después de estar muy bien con él, le pregunté si seguía enamorado de mí.

—¿Y qué pasó? —preguntó su madre, aunque bien sabía ya la respuesta, o más bien la «no respuesta».

—Pues, mamá... —De nuevo sollozos, lágrimas y mocos—. Pues que no decía nada. Y yo me empecé a poner nerviosa y él, ¿qué hacía él?, callaba. Después de un buen rato, va y me dice con la boca pequeña: «Alicia, yo te quiero mucho, pero...». Y me levanté y me fui corriendo. No podía seguir escuchando. Antes de acostarme le dejé una notita que decía: «Yo te quiero incondicionalmente, sin *peros*. Haría lo que fuera por ti. Te quiero sin esperar nada a cambio».

Esta mañana ni siquiera vino a verme, ni se sentó conmigo en el autobús, el muy cobarde.

De las lágrimas y el llanto pasó a la ira y a los reproches y así estuvo más de media hora «vomitando» todo lo que llevaba rumiando desde la noche anterior. Su madre escuchaba atentamente, sin perder detalle, sin interrumpirla, sin el «ya te lo dije» o el «qué ingenua has sido» que tanto daño hacen. Escuchó activamente, apoyando cada una de sus palabras con miradas de ternura, con caricias, con besos en la frente cuando el llanto la ahogaba. No opinó, no juzgó ni castigó. Decidió no intervenir hasta que ella hubiese acabado de vaciarse. Lo necesitaba. Recogió todos y cada uno de sus pedacitos de corazón roto y entonces, solo entonces, habló:

—Mira, cariño, hay una frase de un escritor que se llama Walter Riso del que justamente hablaba ayer, que dice: **«No me interesa que me quieras *mucho,* sino que me quieras *bien* y cada día mejor».** Y querer con *peros* no es querer bien. Recibir una nota de amor como la que él recibió ayer y no dedicarte unas palabras después de haberle regalado esta primavera y este verano a tu lado no es quererte bien.

»Le dices que "harías lo que fuera por él", no mi amor, no cometas ese error. Harás lo que sea por ti, por ti misma, pero no por él. No seas sumisa. Quiérete, mímate y cuídate. Porque, si supeditas tu felicidad a otra persona, estarás en sus manos, cariño. Dependerás irremediablemente de él. Y tú eres una mujer lo suficientemente lista y valiosa como para que otros lleven las riendas de tu vida. Tú eres el jinete, tú marcas los ritmos, la velocidad, e indicas las paradas. Tú tienes el poder y la libertad de decidir lo que suma en tu vida y lo que te hace feliz.

»Y dime, cielo, ¿qué es eso de que le quieres incondicionalmente, sin esperar nada a cambio? No, amor, esto no funciona así. Te hablaré claro. Una quiere incondicionalmente a sus hijos, tanto nosotras, las mujeres, como ellos, los hombres, es un amor supremo. Pero de tu compañero de viaje, de vida o de verano, claro que esperas. Y esperas mucho, lo mismo que tú das. ¿De verdad crees que las parejas no esperan nada el uno del otro? Claro que esperamos. Es lo natural, lo normal y lo humano. No te conformes con menos.

—Ya, mami, tienes razón, pero no lo puedo evitar. Mis amigas me han dicho que quizá, cuando se dé cuenta de que ya no estoy, me valore y vuelva.

—Mira, mi amorín, **el hombre que esté a tu lado tiene que saber y valorar lo que tiene cuando lo tiene, no cuando lo ha perdido.**

Y se fundieron en un gran y reparador abrazo, un abrazo de los que te vacían y te vuelven a llenar, de los que te alimentan, te sacian y te renuevan. Y mientras Alicia le daba las gracias a su madre entre sollozos, su madre se despedía de su pequeña e inocente niña, definitivamente y para siempre.

21

NATALIE, UN ÁNGEL MENSAJERO

Nosotros tenemos la posibilidad de tratar
a Natalie y curarla. Así que ahora mírame
a los ojos y dime: «¿Quieres aprovechar esta
oportunidad, o prefieres seguir lamentándote?».

—¿Paula? ¿Paula? ¿Estás ahí? —Silvina, angustiada, lanzaba las preguntas al auricular de un teléfono sin vida.

—Sí, amiga, aquí estoy —alcanzó a escuchar a lo lejos.

—Paula, ¿es verdad esto que dicen de Iker? Todavía no me lo puedo creer. Dime que no es verdad.

—Sí, Silvi, sí. Estamos ingresados desde ayer. Ahora mismo acaba de salir el pediatra de la habitación. Iker tiene una leucemia linfoblástica aguda —antes de que terminara de pronunciar estas terribles palabras, Paula comenzó a llorar desconsoladamente.

—Paula, voy ahora mismo para allá. Dime en qué habitación estáis.

—No, cariño, acabas de dar a luz. Tú no tienes que vivir este horror. No te toca, cielo. Disfruta de tu preciosa Natalie.

—De eso nada, cojo a la bebé, la meto en el coche y voy para allá.

Silvina colgó el teléfono. Aún dolorida de su reciente parto, con su bebé de diez días en brazos y con el corazón de su amiga en un puño, se metió en el coche y recorrió los cuarenta y cinco kilómetros que separan Altea de Alicante. En menos de una hora, en la habitación 318, las dos amigas se fundían en un abrazo que uniría sus vidas ya para siempre, aunque ellas aún no lo sabían.

Tras llorar juntas, abrazarse y compartir un café frío de la máquina estropeada de la planta de aquel hospital, se sentaron en las escaleras. Mientras el papá de Iker velaba su sueño, ellas allí sentadas, cogidas de la mano, siguieron hablando.

—Paula, ¿cómo lo notaste? ¿Qué le pasaba a Iker? —le preguntó Silvina con la curiosidad propia de una madre.

—No quería bajar al parque; cuando estábamos en los columpios no se quería sentar, decía que le dolía el culete. Estaba todo el día cansado y eso en un niño de tres años no es normal. Luego empezó a dejar de comer. «Son rachas», me decía el pediatra. Las últimas semanas le vi tan pálido que me asusté. Le llevé de nuevo a su médico y me leyó el pensamiento. Le hicieron una analítica de sangre y descubrieron que no le quedaban células...

Tras un desgarrador testimonio, ambas madres volvieron a la habitación. Miraban a sus hijos, Iker postrado en la cama, con su cabecita rapada y durmiendo plácidamente, ajeno a la lucha que estaba a punto de emprender. Natalie recién llegada a la vida, con sus apenas diez días, mamando felizmente en brazos de una madre conmocionada por el dolor de su mejor amiga.

Cuando Silvina salió de aquella habitación, pensó:

—¿Cómo pueden suceder estas cosas? ¿Cómo una madre es capaz de afrontar algo así? Si a mí me ocurriese, no podría afrontarlo. El suelo se abriría bajo mis pies y me caería al vacío.

El macabro destino quiso poner a prueba a esta madre con esta niña recién nacida y lanzarlas directamente a ese abismo que jamás pensó atravesar. Pero lo hizo unos años después. Mismo hospital, misma habitación, la 318, misma enfermedad...

Aquella mañana me incorporaba de mis vacaciones. Tras dos semanas de desconexión en mi tierra natal, viendo a mis hijos correr por los prados asturianos, abrí la puerta de la consulta y encendí el ordenador. Antes de ponerme la bata, tocaron a la puerta. Apareció Silvina con la pequeña Natalie de la mano.

Siempre tuve una conexión especial con esta mamá; su tranquilidad a la hora de explicarme las cosas, la dulzura de sus gestos, de sus movimientos, y el hecho de compartir el mismo año de nacimiento de nuestros hijos, había hecho que nos sintiéramos muy cerca la una de la otra.

—Lucía, necesito hablar contigo, estoy muy preocupada —me dijo.

No recuerdo el resto de sus palabras, no recuerdo su cara de angustia, ni su frente perlada en sudor. No recuerdo su respiración agitada ni su voz quebrada por el llanto. Solo recuerdo a Natalie entrando en la consulta caminando con dificultad, cojeando, llevándose sus pequeñas manos a las caderas, como hacen las octogenarias cuando intentan sentarse en una silla. Su piel pálida, sus labios transparentes y su mirada ausente anunciaban un drama.

—Haz lo que tengas que hacer, pero hazlo. Natalie no está bien. Tiene mucho dolor en las piernas, no quiere jugar, me han llamado del colegio porque llora y se queja a todas horas. Ni siquiera ve sus dibujos animados favoritos. Tú sabes que le encanta Bob Esponja, sin embargo, le hicimos una fiesta la semana pasada con un Bob gigante y se pasó toda la tarde acurrucada en una esquinita con las manos en sus caderas. Que si dolores de crecimiento, que si llamadas de atención, que si ha pasado algo en casa, que si un resfriado que le ha inflamado la cadera..., pero no es nada de eso, Lucía. Yo lo sé —sentenció Silvina.

Yo escuchaba atentamente. No era una madre alarmista, nunca lo había sido, así que puse mis cinco sentidos en no perder ni un solo detalle de esta historia que ya nunca olvidaría.

—Lleva dos semanas con febrícula, todas las tardes. Si le doy el ibuprofeno, mejora el dolor y desaparece la fiebre, pero a las seis horas vuelve a estar así. ¿Y esta palidez? Ella no es así, tú la conoces.

—¿Qué dice tu marido de todo esto? —le pregunté.

—Bobby dice que exagero, que estoy obsesionada..., pero no lo estoy, Lucía, créeme —me suplicó.

Tras explorar minuciosamente a Natalie, la sombra de la gravedad tiñó todas las posibilidades diagnósticas que en unos minutos mi cabeza fue capaz de plantear. Y, como me ocurre en estos casos en los que las ideas se agolpan, permanecí en silencio durante unos minutos mientras ordenaba mentalmente los pasos que íbamos a seguir sin alarmar a su madre. Le expliqué tranquilamente que bajarían las dos a urgencias a hacerse una radiografía y una ecografía y, mientras tanto, rescataría del ordenador una analítica que se había hecho hacía unos días. Pude escuchar y sentir la respiración aliviada de Silvina al saber que nos íbamos a poner manos a la obra.

Antes de salir por la puerta, me miró fijamente a los ojos y, al mismo tiempo que una lágrima furtiva surcaba su mejilla, me dijo:

—Gracias.

En cuanto salió por esa puerta, entré en el ordenador y busqué aquella analítica como si me fuese la vida en ello. Sus células rojas y blancas estaban bien, de momento, sin embargo había un único valor muy aumentado de tamaño, demasiado: el de la ferritina. No me gustó. Tenía que seguir viendo niños en la consulta, así que hice de tripas corazón y, como no podía informar a la familia hasta que no tuviera la placa y la ecografía, decidí pasar al segundo paciente de la mañana.

Motivo de consulta: mocos. Me relajé.

La mañana pasó sin sorpresas hasta que recibí una llamada de mi compañero Jorge, el radiólogo, a última hora de la mañana:

—Lucía, mira la placa de Natalie.

No me dijo más, no hizo falta, yo sabía que había algo gordo. Cada vez que hablaba con Jorge siempre bromeábamos. Esta vez no. Su mensaje fue directo: «Mira la placa», su tono cantarín se había esfumado.

—¡Ay, Dios! ¡Jorge, ahí hay una masa mediastínica enorme!

—Sí, Lucía... Y aún hay más. Mira ambos pulmones...

—¿No me digas que eso son nódulos? ¡Está llena! —le dije con un nudo en la garganta que amenazaba con robarme el aliento.

—Sí, tiene múltiples lesiones en los pulmones. Pero es que fíjate en la parte inferior de la imagen...

Antes de que terminara, lo vi: otra gran masa en el hígado que posteriormente él confirmó con una ecografía.

—Lucía, el padre sube ahora para tu consulta. Su madre tuvo que salir. No les he dicho nada. Lo dejo en tus manos. Lo siento, compañera...

Y muchos de vosotros pensaréis: «Sois médicos, estáis acostumbrados a esto. ¿De verdad lo vivís así?». Pues sí. El cáncer infantil, a pesar de ser la primera causa de mortalidad infantil por enfermedad en España y a pesar de que enferman mil cien niños nuevos cada año, cuando se presenta en uno de nuestros pacientes, es un drama. Esa madre que podría ser yo, esa niña con la misma edad que mi hijo..., ese caso, uno de los mil cien de ese año, podría habernos tocado a cualquiera de nosotros, también a ti.

Reordené una vez más todas las ideas en mi cabeza antes de recibir a Bobby, el padre de Natalie. Sin embargo, al verle en la puerta, solo, con la niña en brazos, sin Silvina, le dije:

—Bobby, por favor, llama a Silvina y dile que venga. Lo que os quiero explicar prefiero hacerlo a los dos a la vez.

Años después, Bobby me confesó que en ningún momento pensó que le iba a decir nada malo, simplemente que por protocolo informábamos a ambos padres. No se dio permiso a imaginar ni por un instante que la noticia que les iba a dar cambiaría el rumbo de sus vidas. Su mentalidad práctica y su genética danesa hacían de él un hombre de ideas claras, frías y directas.

A los veinte minutos entraron los tres por la puerta. Silvina me miró, yo la miré. Era el primer caso de cáncer que diagnosticaba por mí misma una vez terminada la especialidad, lejos de los macrohospitales donde estamos rodeados por un gran equipo que te sostiene si las fuerzas te flaquean. Esta vez, allí estaba yo, con apenas un par de años de experiencia como pediatra adjunta, delante de unos padres que aún no sabían lo que se les venía encima.

Silvina y yo nos miramos fijamente, ambas madres conectadas. Ella abría los ojos todo lo que podía animándome a empezar a hablar; yo, emocionada, miré a la pequeña Natalie y vi a mi hijo Carlos. Entonces volví a mirar a la madre y asentí con la cabeza, parpadeé lentamente intentando contener las lágrimas, apreté la mandíbula, fruncí los labios y respiré profundamente. Silvina captó el mensaje y se echó las manos a la cara para recoger un mar de lágrimas.

—Lo sabía —dijo abatida.

Bobby, aturdido, miraba a su mujer, me miraba a mí, volvía a mirar a su mujer. Entre sus posibilidades no incluía, en ningún caso, una noticia tan devastadora.

En ese momento, tras ese cruce de miradas, empezó una larga conversación en la que les expliqué que habíamos encontrado múltiples lesiones en el cuerpo de Natalie.

Previamente, mientras Bobby esperaba a su mujer en la salita de espera, yo ya había llamado al Servicio de Oncología Infantil del hospital de referencia para explicarles el caso e informarles de que iban de camino...

—Gracias, Lucía, los estaremos esperando, tranquila —me contestó el doctor Carlos Esquembre, siempre tan atento y profesional.

En ningún momento pronuncié la palabra *cáncer,* ni *linfoma,* ni *metástasis.* Sin la preparación adecuada, podría sonar a sentencia de muerte y esto, justo, es lo que quería evitar.

«La supervivencia del cáncer infantil ronda el 75 por ciento», me repetía una y otra vez a mí misma.

No hubo histerismos, no hubo grandes dramas... Hubo muchas miradas, un abrazo sentido a los dos y mi número de teléfono personal en el bolso de Silvina.

—Llámame mañana y me cuentas —le dije mientras sujetaba sus dos manos con fuerza.

Su cuerpo temblaba, su voz temblaba, su alma entera se tambaleaba. Y este fue el inicio de una historia de lucha y superación que supuso un antes y un después en su vida.

Cuando llegaron al Hospital General de Alicante, efectivamente los estaban esperando. La primera vez que entraron en el Hospital de Día y vieron a todos esos niños allí sentados, con sus cabecitas rapadas, acompañados por unos padres mudos de miedo, en ese instante, Silvina y Bobby se vinieron abajo. No podía ser verdad. Esto no les estaba pasando a ellos. Acababan de traspasar una puerta, una línea, una frontera sin billete de vuelta. Empezaban el viaje más duro de sus vidas. Ya no había marcha atrás.

—Jamás olvidaré las miradas de aquellas madres, Lucía. Jamás. ¡Cuánto dolor! ¡Cuánta lucha! ¡Cuánto sufrimiento! Y... ¡cuánto silencio!

Tras la biopsia medular fueron claros:

—Natalie tiene un linfoma de Burkitt, un extraño tipo de cáncer que evoluciona muy rápidamente. Habéis tenido suerte de que se haya cogido tan a tiempo, a pesar de las múltiples lesiones que tiene. Os seremos sinceros, es un caso muy raro. Tenemos que estar preparados para todo, para un trasplante de médula ósea, incluso. El camino va a ser largo y duro, pero hay posibilidades de curación. Tenéis que saber una cosa más, muchas parejas terminan en divorcio, esto va a cambiar vuestras vidas, tenéis que manteneros unidos y dosificar las fuerzas —les dijo el pediatra oncólogo nada más conocerlos.

—Pero... ¿por qué a mi hija, doctor? Estoy convencida de que he sido yo la que le he traspasado mi genética defectuosa. Mi madre falleció de cáncer con cuarenta y dos años, cuando yo tenía dieciséis —le confesaba Silvina tragando saliva.

Lo que no sabía el doctor es que era la primera vez que hablaba de su madre en muchos años, ni siquiera Natalie había escuchado apenas cuatro detalles de su abuela. Lo que no sabía es que ella, con quince años, fue la encargada de asumir un papel que no le correspondía: cuidar de su madre enferma. Lo que no sabía aquel pediatra es que Silvina jamás había superado la pérdida prematura de su madre, que jamás perdonó a quien le hizo responsable de los cuidados de una madre terminal cuando ella debería estar saliendo con sus amigas a tomar unas cervezas. Lo que no sabía aquel médico es que hubo un momento en el que Silvina deseaba con todas sus fuerzas que esa agonía acabara de una vez por todas y lo que nunca supo nadie es que cuando el agotamiento se apoderaba de ella, cuando ya no le quedaban fuerzas, cuando dejó de encontrar respuestas, se hacía la dormida ante la llamada de su madre enferma. Jamás se lo había perdonado y la culpa la devoraba cada día y cada noche, desde que su madre finalmente falleció hacía ya veinte años.

—Tu genética no tiene nada que ver. Deja de buscar culpables. Esto es lo que destroza a las familias, la búsqueda de un culpable. ¿Por qué a ese señor le ha atropellado un coche esta mañana y le ha matado? ¿Tú lo sabes? Pues con la enfermedad de Natalie nos ocurre lo mismo. Mira, Silvina, ese hombre atropellado, su familia, sus hijos, no tienen oportunidad ya de curación ninguna. Un coche se le llevó por delante y le mató. Punto. **Nosotros tenemos la posibilidad de tratar a Natalie y curarla. Así que ahora mírame a los ojos y dime: ¿quieres aprovechar esta oportunidad o prefieres seguir lamentándote?**

Y ese fue el punto de inflexión. Ahí Silvina y Bobby tomaron conciencia de su nueva realidad. Su relación no estaba en su mejor momento, pero eso pasó absolutamente a un segundo plano. Ese día lo tuvieron claro: había que hacer equipo. Tenían un largo camino por delante, pero lo recorrerían juntos. Establecieron un sistema de turnos por el que cada uno estaría un día entero mientras el otro atendería a Nicole, la hermana mayor que esperaba en casa las noticias de papá y mamá. Asumieron la responsabilidad de aceptar todas y cada una de las tormentas que vinieran con fortaleza, sin lamentaciones y unidos.

Bobby tuvo que lidiar con la culpa porque durante meses su mujer le había dicho que no veía a Natalie bien y él nunca se tomó en serio los presagios de Silvina hasta que entró por la puerta de mi consulta y les pedí que se sentaran, que habíamos encontrado algo grave en el cuerpo de su adorada y preciosa hija pequeña, por la que sentía debilidad. Es curioso cómo en estos casos la naturaleza de cada uno de ellos hizo que se cubrieran todos los huecos de ese vacío que encontraron entre las cuatro paredes de aquella habitación. Bobby no tenía tiempo de gestionar la culpa, eso vendría después, ahora, y a pesar de sus veintitrés años recién cumplidos, demostró una fortaleza y una resistencia que me sobrecogieron. Él fue el bastión de la familia, el timón de aquel barco que navegaba por aguas turbulentas, la trinchera desde donde protegerse de la cruel batalla, la mente despejada y sosegada que lidiaba con la pequeña Natalie cuando esta se negaba a que le administraran de nuevo aquella medicación que tanto sufrimiento le generaba. Bobby fue sin lugar a dudas el refugio amoroso y sereno de Silvina, su contrapunto, su complemento, su imprescindible. Su cometido era proteger a su familia hasta el último aliento y es por ello por lo que Bobby nunca le contó a su mujer que, para poder cumplir con los turnos establecidos de cuidado de Natalie, doblaba turno en la empresa con largas y agotadoras jornadas de trabajo. Sin embargo, cada una de las mañanas que le tocaba relevar a su mujer, llegaba al hospital con una sonrisa y un «tranquila, todo va a salir bien. Y ahora vamos a tomarnos un café», y como por arte de magia Silvina recuperaba la esperanza.

Silvina, por su parte, tuvo que pelear contra sus fantasmas inmersa en las sombras de la enfermedad agónica de su madre. Es como si la vida la castigara a pasar por lo mismo otra vez, pero en esta ocasión debía estar a la altura, no había otra posibilidad.

Cada uno con su universo de monstruos y miedos merodeando por sus mentes y aguantando el tipo para que nunca le faltara una sonrisa en cada despertar de Natalie. Los primeros días todo el mundo fue a verlos; pasada una semana ya no había visitas. La gente siguió con su vida, inmersa en sus problemas y ajena al drama de aquella familia. Y sí, recibieron pocas visitas, muchas menos de las que les gustaría, pocas llamadas, poco apoyo, pocos abrazos y casi ningún beso..., pero se tuvieron el uno al otro.

—¿Por qué la gente huye cuando te pasa algo así, Lucía? —me preguntaban años después.

—Yo aún estoy aprendiendo a perdonar... —me confesaba Bobby conteniendo una emoción que él mismo se censuraba —. No sé si seré capaz...

Rápidamente desvió la mirada; si seguía mirándome fijamente se caería al vacío, y esto no era propio de un corazón danés como el de él, al que nadie había educado a mostrar sus emociones en público.

A pesar de todo, una de las tantas mañanas de soledad de Silvina en aquel hospital, de pronto recibió un mensaje:

—¿Bajas a la cafetería?

Y cuando llegó y la vio, creyó volver a nacer, de hecho, renació. Su hermana Laura había volado desde Argentina para abrazar a su hermana pequeña, recoger todas sus lágrimas, cuidar de su corazón de madre hecho añicos y besarla sin descanso. Y lo hizo, vaya si lo hizo.

—No te puedes imaginar lo que aquello supuso para mí, Lucía. De pronto me sentí más fuerte aún.

Una tarde aparecí yo por el hospital con un regalo: una mochila gigante de Bob Esponja. Silvina se rio al ver el tamaño que, ciertamente, era mucho más grande de lo que a mí me había parecido al comprarla; creo que todo el cuerpecito de Natalie hubiese entrado allí dentro. ¡Pero le gustó!

—Esto para cuando vuelvas al cole, cariño —le dije, porque yo estaba segura de que saldría de esta pesadilla algún día.

Hubo un momento en todo este proceso en el que Silvina necesitaba algo más, necesitaba respuestas, necesitaba un «todo esto pasará» y en esa búsqueda una noche tuvo un sueño revelador: un hombre que desprendía una luz especial, diferente a todos los demás, le cogía de las manos, la miraba a los ojos y le decía: «Silvina, tu hija va a estar bien. Se va a curar. Responderá al tratamiento. Esta experiencia solo te traerá una cosa positiva, solo una: el reencuentro con tu madre. Pero Natalie solamente empezará a estar bien cuando te reconcilies con tu pasado, cuando perdones a tu madre por haberse ido tan pronto, cuando perdones a tu padre por haberte robado esos años de juventud cuidando de tu madre, cuando te perdones a ti misma por no haber estado presente, por no haberte levantado cada noche... Porque aún la oyes, ¿verdad? Tu hija saldrá adelante cuando ella sepa de su abuela Cristina y de lo mucho que le hubiese gustado conocer a su nieta...».

Se despertó empapada en sudor y lloró todo lo que no había llorado con la muerte de su madre y, por supuesto, la perdonó y, lo más importante de todo, se perdonó.

—Cuando pasas por una experiencia vital de este tipo, siempre ocurren cosas a las que no les encuentras explicación —me confesaba Bobby varios años después.

—Así es —afirmó Silvina dándole la razón.

—Yo soy un escéptico de manual, no creo en nada, por no creer, no creía ni en la medicina hasta que vi lo que fue capaz de hacer por la vida de mi hija, pero mi mundo cambió cuando una tarde, estando con Natalie en el hospital, me preguntó por su abuelita Cristina —me dijo Bobby.

Silvina sin ocultar la emoción añadió:

—Sí, Lucía, a raíz de ese sueño Natalie empezó a preguntar por mi madre a diario cuando yo aún no le había empezado a hablar de ella. La llamaba en sueños. Nos decía que ella la estaba ayudando. Tuvimos que traer una foto de ella a la mesita de noche del hospital y, en sus noches más duras tras la quimio, abrazaba con fuerza aquel marco y minutos antes de dormirse lo guardaba debajo de su almohada.

En ese instante de la conversación, nos emocionamos los tres: Bobby, Silvina y yo. **Hay silencios que hablan y miradas que unen para siempre.** Ese fue uno de ellos.

Tantos y tantos recuerdos desempolvados...

—Recuerdo el día que le rapamos la cabeza. Llamamos a una peluquera. Vino a casa. Fue rápido. Contuve las lágrimas al ver su precioso pelo caer a mechones sobre el suelo. Natalie me miraba en busca de una sonrisa..., encendimos la tele y de pronto apareció un bebé pelón, sin pelo, y entonces dijo Natalie: «Mira, mamá, como yo». Yo le dije: «Sí, cariño, como tú». Como si me leyera el pensamiento, con sus tres años recién cumplidos, me cogió de la mano, me miró fijamente y entonces añadió: «**Mami, no te preocupes. Sin pelo estoy mejor. Así soy bebé más tiempo**», y se acurrucó en mi regazo.

De todo ello Natalie apenas recuerda algunos retazos. La mente de una niña pequeña es demasiado bonita e inocente para recordar el horror vivido; sin embargo, seis años después, me dijo:

—Hay algo que recuerdo muy bien, Lucía. El día que me raparon la cabeza apareció mi tío Alejandro con su cabeza también rapada, como la mía. Los demás decían que estaba feo, pero yo le veía guapísimo —me confesaba mientras los ojos le hacían chiribitas.

Las semanas fueron pasando, los ciclos de quimio los iba superando con éxito, la esperanza no dejaba de crecer. De tanto en tanto, la planta entera de aquel hospital se cubría de un gélido manto de dolor y llanto: la muerte llamaba a la puerta de alguno de los niños. En concreto, tres fueron los niños que perdieron la batalla en los seis largos meses de hospitalización de Natalie.

Bobby se encerraba en la habitación de su hija y se aislaba del horror que había tras esa puerta.

«Cada caso es un mundo», se repetía una y otra vez. Y eso le ayudaba a no perder nunca la esperanza.

Silvina, sin embargo, fue consuelo de esas madres, de esos padres abatidos que morían en vida el día que sus hijos dejaban de respirar.

Maneras diferentes de reaccionar frente al dolor, ambas respetables, ambas comprensibles, ambas humanas...

Las semanas pasaron, y los meses, y aquella pequeña habitación se convirtió en su segundo hogar. Silvina y Bobby, unidos, formaron equipo. Su hija mayor, Nicole, era el oxígeno que tomaba cada uno de ellos al llegar a casa, su salvavidas, su refugio, su alimento y su aliento. Los pediatras, el cable a tierra que siempre tenían cuando perdían la noción del tiempo y del espacio.

—Niños, hoy es un día especial —dijo la maestra—. ¿Os acordáis de Natalie? —Todas las semanas la profesora hablaba de ella al resto de los alumnos—. ¿Os acordáis el primer día de clase, que le reservamos ese sitio que aún está vacío y pusimos su foto en su silla?

—¡Síííí! —dijeron todos los niños mirando la foto de Natalie allí pegada, sonriente con su larga melena.

—Han pasado seis meses desde aquel día y hoy por fin vuelve con nosotros —dijo la maestra visiblemente emocionada.

Y así fue, seis meses después Natalie entraba por la puerta de su colegio, orgullosa, con su nuevo pelito corto, con una sonrisa que brillaba con luz propia, acogida por un cálido aplauso de una clase entera en pie. Sobre sus aún frágiles hombros, la mochila gigante de Bob Esponja.

Cuando Silvina llegó a casa e hizo la cama de Natalie, de pronto encontró algo debajo de su almohada, tapado con un trapito.

—¿Qué es esto? —se preguntó intrigada.

Cuando descubrió lo que era, se dejó caer en la cama y rompió en un llanto liberador...

Bajo la almohada, una foto de su madre y un papel escrito por Natalie: «Abuelita, conseguido, hoy vuelvo al cole».

EPÍLOGO

Carta desde el futuro

Atractiva es la mujer que se da permiso
para ser, para vivir y para sentir.

Querida Lucía:

¿Cómo estás, preciosa? Y te digo «preciosa» porque, aunque en tu pesada mochila del instituto no cabe un solo complejo más, eres preciosa. No te lo crees, lo sé. Pero no dejes de leer esta carta. Dame una oportunidad. Por favor te lo pido.

Tienes quince años, quince maravillosos años, tu vida gira en torno al instituto, a tus inseparables amigas, a los chicos que empiezan a revolotear por tu mente y a tus notas, a no empañar ni con una gotita tu brillante expediente académico. Hay que ver qué razón tenía la primera profesora de la guardería que tuviste que, con su voz firme, sentenció: «No hay más que ver el empeño con el que colorea las fichas y hace los trabajos manuales. A esta niña no va a haber nada que se le ponga por delante».

Efectivamente, conservarás ese tesón toda la vida, pero no te engañes, habrá muchas piedras en el camino. No te asustes. **Todo lo realmente valioso que conseguimos en la vida requiere de un esfuerzo.** No lo olvides nunca. A nadie le regalan nada, a ti tampoco.

Lucía, te acabas de enamorar por primera vez, el mundo se acaba de detener. ¿Verdad? Nada es más importante que eso ahora, de momento. Disfrútalo, cielo, vívelo intensamente, siempre guardarás esta tierna historia en tu memoria. Pero no será solo la primera, el amor será una constante en tu vida, romperás algún que otro corazón, ya te lo adelanto. Pero en este viaje nadie sale indemne, el tuyo también se romperá en pedazos. No es mala suerte: es la vida, cariño.

Mantén bien abiertos los oídos, pero no para todo el ruido que escucharás a tu alrededor, sino para el tuyo propio; cuando por fin lo hagas, empezarás a volar.

Te doy permiso para dudar de todo el mundo menos de ti misma.

Escucha a tu esencia, sé fiel a lo que sientes, a lo que te mueve, a lo que te estremece, a lo que te pone el vello de punta y te eleva. Enamórate, déjate llevar, entrégate, sé feliz, mi amor, sin miedo. Porque, ¿sabes qué? Que nada es para siempre, y, si lo es, no lo sabemos de antemano, por tanto no te queda otra que vivirlo, sentirlo y saborearlo intensamente.

Vas a ser muy feliz.

Rodéate de gente inspiradora, de personas que crean en ti, que te cuiden cuando las fuerzas te flaqueen, que velen tu sueño y consuelen tu llanto. Que celebren tus alegrías desde dentro o desde la distancia, pero que te sientan parte de sus vidas. Rodéate de hombres y de mujeres que sumen en tu vida, que, cuando pienses en ellos, te roben una sonrisa o un suspiro. No importa si los ves mucho o poco, cuando lleguen a tu vida, no los dejes escapar. Cuídalos.

Cuando alguien te haga daño, dale una segunda oportunidad, todos la merecemos; pero, si te vuelven a herir, corre, aléjate, huye muy lejos. La vida es demasiado corta como para perder energía en gente que no se merece tu sonrisa.

Si tu compañía es mediocre, serás una mediocre, recuérdalo.

Construye cosas bonitas a tu alrededor, proyectos, sueños, relaciones personales. Aliméntalos, nútrelos, cuida de todos ellos. Eres y serás una maravillosa cuidadora. Cuando empecé a escribir esta carta me propuse no desvelarte ni una sola de las paradas de tu viaje, pero solo te diré algo:

Lucía, tu empatía te hará muy grande. Mucho. Cultívala.

Escucha a tus mayores, atentamente, tienen mucho que enseñarte, aprende de ellos y lee, cariño, lee todo lo que caiga en tus manos. Hará de ti una mujer fuerte, crítica e inteligente.

No dejes de escribir. ¿Recuerdas tu primer diario? Lo seguirán muchos más, muchos. Eres una gran contadora de historias. Dentro de unos años lo escucharás, pero yo soy la primera en decírtelo hoy: tienes un don.

El primer premio de literatura que conseguiste con ocho años con «El cuento de la W» fue solamente el inicio. Te esperan unos años maravillosos e intensos delante de un ordenador. No será fácil, también te lo digo. Derramarás muchas lágrimas que te impedirán seguir escribiendo, necesitarás parar. Para. Y luego sigue. Descubrirás que escribir te sana, te alimenta, te ayuda a explorar tus profundidades y las de los que te leen. Sentirás en los abrazos y en las lágrimas de tus lectores que los has conmovido, que a algunos, incluso, los has cambiado. Escribirás sobre muchas cosas, te lo aseguro, escribirás muchas cartas de amor, escribirás sobre tu trabajo, sobre niños, sobre la vida, sobre la muerte, el sexo, las vidas ajenas y sobre tu propia vida; algunas incluso las publicarás...

A lo largo de todos estos años escucharás de otros que eres demasiado confiada, que eres una ingenua y, rozando los cuarenta, lo seguirás escuchando. Pero hazme caso en esto que te voy a decir ahora: ese es uno de tus mayores atractivos. No lo pierdas. Sé tú misma aunque las arrugas incipientes que surcarán tu piel delicada te digan lo contrario.

Ríete a carcajadas, fuerte, como haces ahora; sonríe, sí, por defecto, sonríe; confía en la gente, que para hacerles bajar de tu tren siempre estarás a tiempo. Tú decides quién sube y quién se queda, quién se sienta a tu lado y quién te coge de la mano.

Tómate tu tiempo. No vivas tan rápido. No tengas prisa. De vez en cuando es necesario parar, hazlo. Para el tren, baja y airéate. Respira profundo, pasea por tu mente, por tu corazón, escucha música y reponte. Cuando hayas descansado, vuelve a subirte al tren y sigue. El secreto está en seguir, mi cielo, en seguir.

Si algo no te gusta, ¡muévete!, ¡cámbialo!
¡Te lo ordeno!

Date permiso para equivocarte, porque te equivocarás muchas veces, pero haz el favor de levantarte cada vez y seguir adelante.

Ponle pasión a todo lo que haces, la misma que tienes ahora con tus quince años. La misma pasión que le pusiste el año pasado cuando les dijiste a tus padres que querías ir a Estados Unidos y te fuiste a pesar de ser la más joven de un grupo al que únicamente viste en el aeropuerto. La misma pasión que le pondrás a tu empeño por estudiar Medicina y ser pediatra. La misma pasión que derramarás con cada uno de tus amores, todos dejarán huella en ti. No lo olvides. La misma pasión con la que defenderás tus derechos cuando empieces a trabajar, la misma fuerza con la que exigirás esa inexistente conciliación laboral para poder criar a los hijos que tendrás... Lo mejor que harás en tu vida.

Porque, Luci, cariño, **el secreto del éxito no es más que eso: pasión y constancia.**

Lucha, pelea, sal ahí fuera, exige, reclama lo que es tuyo. No juzgues, no critiques sin saber. Huye del odio y del rencor, son malos compañeros de viaje. Aprende a perdonar, vivirás más feliz. Y sueña, sueña a lo grande. No dejes nunca de soñar, esto es lo que te mantendrá viva.

Todo esto quizá te suene tan lejano, ¿verdad? A tus quince años tienes otras muchas preocupaciones. Ahora mismo acaba de salir mamá de tu habitación, habéis tenido una de esas conversaciones que recordarás con los años. Llorabas porque le decías que no te veías guapa, ni atractiva, mientras ella te acariciaba el pelo y trataba de consolarte.

¿Atractiva? ¿Atractiva para quién? ¿Para los demás o para ti misma? Mira, cielo, una mujer atractiva es una mujer segura de sí misma. Es una mujer inteligente e independiente. Una mujer atractiva es una mujer valiente e intrépida. Pero no valiente porque le gusten los deportes de riesgo, no; valiente con la vida, con las dificultades, con los largos inviernos que sin duda dejarán rastro en su piel y en su alma.

Que una no solo cumple primaveras, también cumple inviernos y justamente son los inviernos los que hacen a una mujer hermosa. ¿Lo sabías?

La vida no es un camino de rosas, claro que no lo es; por eso hay que echarle valor, hay que ser intrépida y exigente con tus propios sueños.

Atractiva es la mujer que lucha por lo que desea, que se ríe de sí misma, que sale a flote una y otra vez a pesar de las adversidades.

Atractiva es la mujer que aún con sus kilitos de más o sus kilitos de menos hace reír a carcajadas al que tiene enfrente. Atractiva es la mujer sin complejos, pero con grandes dosis de sentido del humor. Atractiva es la mujer sonriente, perseverante, luchadora y libre.

Atractiva es la mujer que se da permiso para ser, para vivir y para sentir.

¿Y sabes qué es lo mejor de todo? Que solamente depende de ti.

A los cinco años decidiste ser pediatra y lo conseguirás, no sin esfuerzo. Serán seis largos años de estudio, más otro año entero opositando en tu pequeña pero luminosa habitación con el apoyo incondicional de tus padres y de tu hermano José, que te acompañarán en cuerpo y alma en todos y cada uno de tus logros. Serán ellos quienes recojan tus trocitos cuando la vida te muestre su cara más amarga. Cuando llegue ese momento, déjate querer, déjate cuidar. Lo harán muy bien. Y saldrás fortalecida. Luego vendrán los momentos en los que seas tú la que cures, con el mayor de los mimos, sus cuerpos heridos. Formaréis un gran equipo. Y esto será solo el principio, Lucía querida, cientos de familias te entregarán lo más valioso de sus vidas: el cuidado de sus hijos.

Así que vive, cariño, sé tú misma, sigue tu valioso instinto, tu intuición, pocas veces te va a fallar. Cuando llegue esa persona que te diga: «Hasta llorando eres preciosa» y se beba tus lágrimas, mírale a los ojos y quédate con él, aunque todo sean dificultades, te prometo que merecerá la pena.

Piensa bonito, habla bonito y sonríe bonito. Porque de un pensamiento bonito nunca saldrá una emoción fea.

Da gracias por todo lo que tienes y por lo que tendrás. No tomes decisiones precipitadas, piensa, reflexiona, valora, comparte, pide consejo, busca información y respuestas, y no permitas que el miedo te paralice. Para adelante, mi cielo, siempre para adelante.

Respecto a tu maternidad, te escribo estas palabras pero se las podría estar escribiendo a cualquier madre o a cualquier padre del mundo, de hecho es lo que voy a hacer.

A todos vosotros os diría...

Preparaos para querer a alguien más de lo que nunca jamás imaginasteis poder querer. No os desaniméis cuando vengan momentos duros, nadie dijo que esto fuera fácil; de hecho, es difícil. El miedo, la culpa, las dudas, por todo ello pasaréis. Uno nunca está preparado para lo inesperado,

¿verdad? Pero ocurrirá, nos ocurre a todos y en cualquier momento. Todos paramos en estaciones parecidas en este intenso e irrepetible viaje, así que disfrutad de cada uno de los momentos que os regalen vuestros hijos, son tan solo unos años los que nos permiten achucharlos, besarlos y olerlos.

¿Habrá algo más maravilloso que dar vida para acompañarlos, enseñarlos, alimentarlos y cuidarlos con el amor más incondicional que existe?

«He venido a este mundo para cuidar y proteger a mis hijas», me confesaba en una ocasión el padre de una preciosa niña llamada Natalie. Y así es, el mejor legado que les podemos dejar a nuestros hijos no es una educación en un colegio de élite, ni en una universidad de reconocido prestigio, ni una casa, ni una buena herencia, ni siquiera viajes por medio mundo. Seamos realistas, en la inmensa mayoría de las ocasiones no podréis darles todo lo que deseáis. ¿Creéis que vuestros padres sí pudieron? Ellos tampoco. Pero no es lo importante, dejad de sufrir por ello. No os lamentéis más, por favor. No permitáis que ellos escuchen lamentaciones, mantened su inocencia intacta..., ¡es tan bonita! No os centréis en lo que falta y sí en lo que tenéis.

Habrá momentos de oscuridad, de dudas, de preguntas, de caídas. Caerse forma parte del viaje, como también levantarse tras cada golpe. Dudar es de humanos, por supuesto que dudaréis, aun cuando somos mayores seguimos dudando de tantas cosas. Eso sí, duda de lo que quieras menos de ti mismo.

Pero sobre todo y por encima de todo no olvidéis jamás que el mejor legado que les podemos dejar a nuestros hijos es... el amor. El amor todo lo puede y con todo podrá. Asumid esta responsabilidad porque es lo más grande que vais a hacer nunca en esta vida y esto es lo que os convertirá en padres maravillosos.

¡A por ello!

Lo mejor está aún por llegar.

Siempre a tu lado,

Tu yo del futuro

AGRADECIMIENTOS

Primero a vosotros, los lectores, a ti que me estás leyendo ahora, gracias por traerme hasta aquí. Gracias por vuestras palabras de ánimo en cada uno de vuestros mensajes, gracias por vuestros abrazos en cada firma de libros, vuestros besos, vuestro cariño, vuestro apoyo incondicional. Pero sobre todo gracias por vuestras lágrimas... Os las devuelvo todas con este libro escrito a pecho descubierto, sentido y llorado.

Gracias a mis adorables pequeños pacientes que llenáis mi vida y habéis llenado este libro. Gracias a sus padres y a sus madres por vuestro cariño, por vuestra confianza, por cada una de vuestras historias. Gracias por estar, por abrirme un hueco en vuestras vidas y permitirme seguiros desde una esquinita en este viaje maravilloso.

Gracias a Álvaro, el niño con la sonrisa más bonita del mundo; gracias a Jonay, el niño con alas, y a Natalie, el ángel mensajero. Gracias a sus padres: Silvia, Diego, Gloria,

Pitu, Silvina y Bobby. Hemos llorado mucho, antes y después. Gracias por llevarme en vuestro corazón, vosotros también estáis en el mío, ya para siempre. Os lo dije y os lo repito: sois unos padres maravillosos.

Gracias a todas las familias de niños enfermos, con síndromes o con discapacidad, vuestras historias merecen ser contadas. Sois un ejemplo de lucha y de amor para todos nosotros. Si el corazón de la humanidad contara con vuestro sentir, el mundo, sin ninguna duda, sería mucho más bonito.

Gracias a la editorial Planeta por confiar en mí una vez más, por darme alas y libertad. Gracias a David Figueras, mi mentor literario, el primero que apostó por mí; estoy en deuda contigo, David, siempre. Gracias a Javi Moreno, llegaste como un soplo de aire fresco y te fuiste a explorar otros mundos. Gracias por nuestro primer Sant Jordi juntos, inolvidable. Gracias a Ángeles Aguilera, cada vez que te escuchaba al otro lado del teléfono era para darme una gran noticia. Y gracias a Lucía Álvarez Rovira por tu dulzura, tu energía y meticulosidad con este libro, cuidando hasta el más mínimo detalle con un mimo que me ha maravillado. Gracias a todos por haberle dado vida a este sueño, por haberle ayudado a crecer y por vivirlo y sentirlo a mi lado.

Gracias a mis amigas, compañeras de fatigas, médicos, pediatras, muchas de vosotras madres: Raquel, María Jesús, Lourdes, Carolina, Ruth, Leonor, Rocío Fernández, Victoria Jamart y Ana de la Vega. Compartimos alegrías y penas, en la vida y en la profesión. Gracias por formar parte de este viaje. Os quiero, chicas.

Gracias a mi amiga del alma Rocío Torregrosa, la primera persona que conocí al aterrizar en Alicante hace más de doce años. No imagino mi vida ya sin ti, sin nuestras confidencias con una taza de café en la mano, sin nuestros mensajes ya casi de madrugada, sin nuestras tardes de «chicas» en las que no se habla de niños, ni de trabajo, ni de obligaciones. Mira que te quiero, amiga.

Gracias a mi amigo Juanjo Saval, ¿qué decirte que no te haya dicho ya en tu casa, en la mía, comiendo, cenando y hasta en Japón? No dejes nunca de sentir como sientes, ¡es tan bonito! Y sí, te lo repito: serás un padre maravilloso. Te quiero, amigo.

Gracias a Javi por haber sido el primero en descubrir mis alas. Tú ya sabías que las tenía, ¿verdad? Ni siquiera yo las vi crecer en mi espalda. Gracias por confiar ciegamente en mí y animarme a emprender esta aventura. Gracias por sentarte delante de mí tras cada capítulo escrito de este libro y decirme «Léemelo, quiero escucharlo de tu voz». Gracias por tus lágrimas al ver brotar las mías, gracias por tus suspiros y tus «lo has vuelto a conseguir. Eres maravillosa».

Gracias a mi FAMILIA, en mayúsculas:

Gracias a mi tía Elvira, a pesar de la distancia, siempre te llevo conmigo, lo sabes.

Gracias a mi hermano José, ahí va de nuevo, hermanito: eres la mejor persona que conozco. No hay corazón más limpio que el tuyo, lucha, pelea, sueña, sueña alto, como tú sabes. ¡Has sido mi maestro en soñar a lo grande! Estamos en esto juntos. Cuida de la pequeña Raquelina, algún día, dentro de muchos años, se dará cuenta del padre tan maravilloso e inspirador que tiene. Te quiero, José.

Gracias a mis padres, José y Covi. Papá, mamá, es escribir vuestros nombres y los ojos se me inundan de lágrimas... Gracias por vuestro valioso legado: el amor, el amor que todo lo puede. Gracias por vuestros incontables viajes desde Asturias hasta Alicante para encajar la pieza de puzle que faltaba en este sueño. Gracias por vuestras palabras de ánimo, siempre, antes y ahora. Gracias por hacerme sentir indestructible. Gracias por vuestra fuerza, vuestro tesón, vuestro sacrificio y vuestra entrega. Este libro os lo debo a vosotros, os llevo conmigo a cada instante, en corazón y pensamiento, en cuerpo y alma. Te quiero, mamá. Te quiero, papá.

Y gracias a Carlos y Covi, mis hijos. Me siento tan orgullosa de vosotros, tanto que no tendré vidas para escribir libros que hablen del amor más grande que puede sentir una mujer. Covi, mi pequeña, mi «miniyó», como tú dices. No eres una minimamá, cariño, eres mucho más. Mi exploradora del mundo exterior que pronto se te hará pequeño; soñadora, inteligente, explosiva en todo lo que haces, preciosa e inocente. Y a ti, Carlos, mi amor, explorador del mundo interior, de las emociones: de las tuyas y de las de todos los que te rodean. Gracias por nuestras conversaciones inspiradoras, gracias por tus sentidas lágrimas cuando el mundo te muestra su otra cara, gracias por ese corazón tan puro y tan bonito. No cambiéis, que nada os cambie. Os quiero, siempre, hasta el fin.